गोपाल भाँड़ की अनोखी दुनिया

(कहानियाँ)

गोपाल भाँड़ की अनोखी दुनिया

व्यंग्य-विनोद, बुद्धिचातुर्य, न्याय-कौशल की अनूठी कहानियाँ

अशोक महेश्वरी

राधाकृष्ण प्रकाशन

ISBN : 978-81-8361-511-2

गोपाल भाँड की अनोखी दुनिया

पहला संस्करण : 2012
सातवाँ संस्करण : 2023

मूल्य : ₹695

प्रकाशक
राधाकृष्ण प्रकाशन प्राइवेट लिमिटेड
जी-17, जगतपुरी, दिल्ली-110 051
शाखाएँ : अशोक राजपथ, साइंस कॉलेज के सामने, पटना-800 006
पहली मंजिल, दरबारी बिल्डिंग, महात्मा गांधी मार्ग, प्रयागराज-211 001

वेबसाइट : www.radhakrishnaprakashan.com
ई-मेल : info@radhakrishnaprakashan.com

मुद्रक
बी.के.ऑफसेट
नवीन शाहदरा, दिल्ली-110 032

GOPAL BHAND KI ANOKHI DUNIYA
Stories by Ashok Maheshwari

पुरोवाक्

प्राचीन काल में बंगाल में एक राज्य था–कृष्णनगर। इस राज्य के लोग शान्ति-प्रिय थे। कला-संस्कृति के प्रति इस राज्य के लोगों का गहरा लगाव था। कृष्णनगर पर ऐसे तो अनेक शासकों ने राज्य किया किन्तु जो प्रसिद्धि राजा कृष्णचन्द्र राय ने पाई, उसकी अन्य किसी से तुलना नहीं की जा सकती।

राजा कृष्णचन्द्र राय सहृदय प्रजापालक, हास-परिहास में रुचि लेनेवाले न्यायप्रिय शासक थे। उनके शासनकाल में कृष्णनगर की प्रजा हर तरह से सुखी थी क्योंकि राजा कृष्णचन्द्र राय प्रजा के दुख से दुखी, प्रजा के सुख से सुखी होते थे। इस संग्रह की कहानी 'गोपाल ने दी महाराज को सीख' इस किंवदन्ती की पुष्टि करती है।

आमोदप्रिय होने के कारण महाराज कृष्णचन्द्र राय के दरबार में विभिन्न कलाओं के विद्वानों को सम्मानजनक स्थान प्राप्त था, उनके दरबार में गोपाल नाम का एक युवक 'विदूषक' के रूप में शामिल किया गया। गोपाल की तीव्र मेधाशक्ति, वाक्‌पटुता और परिस्थितिजन्य विवेक से कार्य करने की विशिष्ट क्षमता ने जल्दी ही उसे राजा कृष्णचन्द्र राय के दरबार का खास अंग बना दिया।

जिन दिनों कृष्णनगर पर राजा कृष्णचन्द्र राय का शासन था, उन दिनों मुर्शिदाबाद का निजाम एक सनकी नवाब के हाथों में था। कृष्णनगर के राजा के पास वह तरह-तरह के विचित्रतापूर्ण पैगाम भेजता रहता था। एक बार उसने राजा कृष्णचन्द्र राय से आसमान के तारों की संख्या पूछी तो दूसरी

बार पृथ्वी की लम्बाई-चौड़ाई का गणित जानना चाहा। इस तरह के विचित्रतापूर्ण सवालों को हल करने में गोपाल की चतुराई काम आती थी। इस कारण अपने जीवनकाल में ही गोपाल किंवदन्ती बन गया था। आज भी बंगाल के गाँवों में लोगों को गोपाल भाँड़ की चुटीली कहानियाँ कहते-सुनते देखा जा सकता है।

इन कहानियों में व्यंग्य है, हास्य है, रोचकता है, चतुराई है, न्याय है और है सबको गुदगुदा देनेवाली शक्ति। ठीक वैसी जैसी अकबर-बीरबल की कहानियों में है। मुल्ला नसीरुद्दीन या शेखचिल्ली की कहानियों में है। इन कहानियों से सूझ भी मिलती है और आत्मा का संगीत भी।

—अशोक महेश्वरी

अनुक्रम

भविष्यवाणी

गोपाल भाँड़ बचपन से ही प्रखर बुद्धि का था। साहस और पराक्रम की उसमें कमी नहीं थी। दीन-दुखियों को देखकर द्रवित हो जाना और उसकी सहायता के लिए तत्पर हो जाना उसका स्वभाव था।

एक बार गोपाल को उसकी माँ मेला घुमाने के लिए ले गई। गोपाल गाँव से पहली बार बाहर निकला था। उसे अनेक ऐसी चीजें देखने को मिलीं जिन्हें उसने पहले कभी देखा नहीं था। उसने पहली बार शहर की चौड़ी सड़कें देखीं। कई सड़कें ऐसी थीं जिन पर ईंट और पत्थर के चौकोर टुकड़े बिछाए गए थे। धूप में ये सड़कें तप सी जातीं।

गोपाल भाँड़ और उसकी माँ नंगे पाँव थे। ऐसे भी उस जमाने में जूते जमींदार-साहूकार, राजा-महाराजा आदि ही पहनते थे। गोपाल का मन चिकनी सड़क पर सरपट भागने को हो रहा था मगर धूप के कारण तपती सड़क पर पाँव रखने पर उसके तलवे जलते से महसूस होते।

गोपाल की बेचैनी और उसकी हसरत दोनों को उसकी माँ समझ रही थी। अपना आँचल गोपाल के सिर पर रखते हुए उसने बहुत प्यार से उससे कह–"बेटा! सड़क के दोनों किनारों को देखो। कितने अच्छे सायेदार पेड़ लगे हैं! ये पेड़ इसलिए ही लगाए गए हैं कि इस सड़क से गुजरनेवाले पैदल यात्रियों को इन पेड़ों की छाया मिल सके। तुम सड़क के बीच में चल रहे हो जिसके कारण तुम्हारे पैर में जलन हो रही है। किनारे-किनारे चलो जहाँ कच्ची मिट्टीवाली राह है। यह कच्ची मिट्टीवाली राह ही पैदल चलनेवालों के लिए है।"

"नहीं माँ! मैं थोड़ी देर इस सड़क पर और चलूँगा।" गोपाल बाल सुलभ जिद में मचलकर बोला।

असल में पहली बार गाँव से बाहर आने के कारण वह एक अजीब से

उमंग का अनुभव कर रहा था। थोड़ी ही देर के बाद उसे पीछे से 'हटो-हटो' की आवाज सुनाई दी। उसकी माँ ने उसका हाथ पकड़कर झटके से उसे पक्की सड़क से कच्ची सड़क पर खींच लिया।

गोपाल ने आश्चर्य से पक्की सड़क की ओर देखा जिस पर अभी चार कहार एक खुली पालकी में एक मोटे से आदमी को बैठाए तेज कदमों से, लगभग दौड़ते हुए, चले जा रहे थे। चारों हाँफ रहे थे और पसीने से तरबतर हो रहे थे। उन्हें देखकर गोपाल ने आश्चर्य से अपनी माँ से पूछा—"यह क्या है माँ?"

माँ ने उसे बताया—"गोपाल, यह पालकी है। पालकी में कोई पैसेवाला आदमी ही बैठता है, जैसे—जमींदार, साहूकार आदि।"

"छीः, कितने गन्दे होते हैं ये जमींदार-साहूकार! आदमी की सवारी करते हैं और कहते हैं कि पालकी पर सवार हैं!" गोपाल ने तपाक से कहा।

उसकी माँ अपने बेटे की बात सुनकर दंग रह गई और इधर-उधर देखने लगी कि कहीं किसी ने उसकी बातें सुन तो न लीं?

"चुप रह गोपाल! ऐसे नहीं बोलते। जो लोग पालकी उठाए हुए हैं, वे मुफ्त में थोड़े ही न पालकी उठाकर दौड़ रहे हैं? इन्हें इस काम के लिए मेहनताना भी तो मिलेगा, यही इनकी आजीविका का साधन है। यही इनका काम है।" माँ ने गोपाल को समझाया।

मगर गोपाल को माँ की बात से कोई सन्तुष्टि नहीं हुई। उसने फिर कहा—"लेकिन माँ, ये कुछ और भी तो कर सकते थे...यदि आदमी को जानवर की तरह इस्तेमाल करने की प्रवृत्ति न होती।"

"चुप रह!" माँ ने गोपाल को झिड़क दिया। "डेढ़ बित्ता का है। अभी से इतनी बड़ी-बड़ी बातें करता है!"

गोपाल रुआँसा होकर चुप हो गया। मगर उसके भावुक मन में चार आदमियों के कन्धे पर सवार मोटे इनसान की छवि बार-बार कौंध रही थी—'कैसी विडम्बना है? आदमी ही आदमी की सवारी कर रहा है! आदमी के आगे आदमी ही विवश है...उफ! ऐसा क्यों है? माँ से पूछूँ तो वह डाँटेंगी...' बहुत देर तक गोपाल इसी उधेड़-बुन में लगा रहा और माँ के साथ चुपचाप चलता रहा। उसके दिमाग में बातें आ-जा रही थीं—'अरे, वह मोटा—जो पालकी में बैठा था—खुद चार के बराबर रहा होगा...उसे ढोनेवाले मजदूर तो

बेचारे दुबले-पतले थे। पसीने से नहाए हाँफते-काँपते बढ़े जा रहे थे। उनकी यह हालत क्या उस मोटे को दिखाई नहीं दे रही थी?'

गोपाल के बाल-मन में इस तरह के भाव आ-जा रहे थे। माँ के साथ चलता गोपाल देर तक इसी बिन्दु पर सोचता रहा और स्वगत ढंग से, खुद को समझाया कि 'जब मैं बड़ा हो जाऊँगा तब ऐसी दुनिया बनाऊँगा जिसमें आदमी की सवारी आदमी नहीं करेगा!' यह विचार आते ही गोपाल आश्वस्त-सा हो गया और फिर शहर के मंजर में उसका मन रमने लगा।

शहर करीब आने पर इस पक्की सड़क से इक्का-दुक्का घुड़सवार भी गुजरते दिखे। उन्हें देखकर गोपाल को बहुत आनन्द आता और मन-ही-मन सोचता कि वह जब बड़ा हो जाएगा तो वह भी घोड़े पर बैठेगा। लाल नहीं, सफेद घोड़े पर। सफेद घोड़ा कितना अच्छा लगता है! एक बार रामदीन की बहन की शादी में गाँव में भी तो आया था सफेद घोड़ा!...नहीं, घोड़ा नहीं, सफेद घोड़ी, जिस पर दूल्हा सवार था।

अचानक गोपाल ने माँ से पूछा—"माँ, मेले में घोड़ा भी होगा न?"

"हाँ बेटा...घोड़ा भी होगा और हाथी भी, गाय और बैल भी। कबूतर, तोता, मैना भी।" उसकी माँ ने उसे लाड़ में डूबी आवाज में कहा।

दरअसल गोपाल को झिड़कने के बाद से वह भी अफसोस कर रही थी कि बेकार डाँट दिया बच्चे को, ठीक ही तो कह रहा था! मगर न डाँटती तो ऐसी बात करने की उसे आदत पड़ जाती। जमाना खराब है। कहीं किसी बड़े आदमी के कान में उसकी बातें पड़ जाएँ तो...राम न करे कि कभी ऐसा हो। ये बड़े लोग होते बड़े अजीब हैं। चिकनी-चुपड़ी बतियाएँगे मगर इनकी भृकुटि तनते देर नहीं लगती। जब तक बेगार करते रहो तब तक मेहरबान दिखेंगे, काम निकल जाए तब फिर तू कौन और मैं कौन? पहचानने तक से कर देते हैं इनकार। बड़े तोताचश्म होते हैं ये बड़े लोग—चाहे जमींदार हों, चाहे साहूकार! देर तक यही सब सोचती चलती रही थी गोपाल की माँ। जब गोपाल ने उससे सवाल किया तो उसकी तन्द्रा टूटी।

शाम होने के पहले ही दोनों माँ-बेटे मेला-स्थल तक पहुँच गए। गोपाल की माँ ने एक छायादार वृक्ष के नीचे चादर बिछा ली और गोपाल से कहा—"आ बेटा, थोड़ा सुस्ता ले। फिर चलेंगे मेला देखने।"

गोपाल चादर पर बैठ गया। उसने माँ को देखा, वह थकी सी लग रही

थी। उसने माँ से कहा–"माँ, तू जरा पैर फैला ले। मैं दाब देता हूँ। तुम्हारा पैर थक गया होगा। बाप रे! हम लोग सुबह से पैदल चल रहे हैं न?"

गोपाल की माँ को अपने बेटे पर बहुत प्यार आया और उसने गोपाल को अपनी गोद में समेट लिया। गोपाल थका हुआ था। माँ की गोद में आने और सहलाए जाने से उसे नींद आने लगी और वह माँ की गोद में ही सो गया।

गोपाल की माँ भी थकान मिटाने के लिए बेटे को गोद में चिपकाए वहीं लेट गई। थोड़ी ही देर में उसे भी नींद आ गई।

एक अजीब से शोर के कारण उन दोनों की नींद खुल गई। शोर का कारण समझने के लिए गोपाल की माँ ने सड़क के दोनों ओर देखा। मेला जाने की राह में उसे एक हाथी जाता हुआ दिखा। हाथी पर एक मोटा आदमी बैठा हुआ था। हाथी के पीछे ग्रामीण बच्चों की भीड़ तालियाँ बजाते हुए चल रही थी। जब कभी भी हाथी अपने सूँड़ हिलाता या सूँड़ से कोई हरकत करता तो बच्चे शोर मचाने लगते...बच्चों के मुँह से हर्षातिरेक में निकलनेवाली आवाजों से पैदा हुए शोर के कारण ही उनकी नींद खुली थी।

गोपाल ने भी हाथी की ओर देखा मगर उनींदा होने के कारण उसमें उसने कोई रुचि नहीं ली। अपनी माँ की गोद में सिर रखकर फिर लेट गया।

गोपाल की माँ उसके सिर पर हाथ फेर रही थी। थोड़ी देर के बाद उसने बहुत प्यार से गोपाल से पूछा–"बेटा, रोटी खाएगा? एक रोटी खा ले! भूख लगी होगी तुझे।...भूख लगी है न?"

"हाँ, माँ!" गोपाल ने कहा।

गोपाल की माँ ने झोले से एक मसालेदार रोटी निकालकर गोपाल के हाथों में थमा दी और एक रोटी लेकर खुद भी खाने लगी।

रोटी खा चुकने के बाद गोपाल ने कहा–"माँ...पानी!"

गोपाल की माँ ने कहा–"चल बेटा, अब रास्ते में कहीं पानी मिल जाएगा। इतना बड़ा मेला है तो वहाँ प्याऊ तो होगा ही। रास्ते में न मिला तो मेले में मिल ही जाएगा।"

मेला का नाम सुनते ही गोपाल में फिर बाल सुलभ उत्सुकता पैदा हो गई। वह प्यास भूल गया और माँ के साथ मेले की ओर बढ़ने लगा।

मेला पहुँचकर उसकी माँ ने गोपाल को झूले पर बैठा दिया और देर तक उसने झूले का मजा लिया। फिर वे दोनों मेले में आए पशुओं को देखने

गए। मेले में गोपाल ने पहली बार ऊँट देखा। माँ ने उसे बताया कि ऊँट को रेगिस्तान का जहाज कहते हैं। दरअसल रेगिस्तान बहुत विस्तृत बलुआ मैदान होता है। दूर तक बालू ही बालू। जिधर नजर दौड़ाओ उधर बालू! इस मैदान में अन्य जानवरों का चलना मुश्किल होता है मगर ऊँट की पतली और लम्बी टाँगें इस रेगिस्तान में आराम से चलती हैं। दूसरी विशेषता ऊँट की यह भी होती है कि वह कई-कई दिनों तक बिना पानी के रह सकता है क्योंकि ऊँट के पेट में एक थैली होती है जिसमें ऊँट अपनी जरूरत के लिए पानी सुरक्षित रख लेता है।

पानी का नाम सुनते ही गोपाल को अपनी प्यास याद आ गई और वह पानी पीने के लिए मचल उठा।

उसकी माँ ने पता किया। संयोगवश पशु मेले में ही प्याऊ की व्यवस्था थी। वह उसे लेकर प्याऊ पर गई। खुद भी पानी पीया और गोपाल को भी पानी पिलाया।

पानी पी लेने के बाद गोपाल में ताजगी आ गई और वह प्रसन्नचित्त होकर मेले का आनन्द उठाने लगा।

एक स्थान पर उसने देखा, थोड़ी भीड़-सी लगी है। उसने अपनी माँ से उस ओर चलने को कहा। भीड़ के निकट पहुँचने पर उसने देखा, एक मोटा आदमी एक हाथी पर सवार है और वह हाथी लकड़ी के भारी टुकड़ों को सूँड़ से उठाकर एक स्थान विशेष तक पहुँचा रहा है। भीड़ के लोग हाथी के काम को विस्मय के भाव से देख रहे थे। तभी किसी ने कहा–''जरा मोटे को तो देखो...''

अभी वह कुछ आगे बोलता कि बगल में खड़े गोपाल ने तंज किया– ''ऊपरवाले मोटे को या नीचेवाले मोटे को?''

भीड़ ने बच्चे के मुँह से निकली यह बात सुनी तो सबके सब हँस पड़े। लेकिन गोपाल की माँ की भृकुटियाँ तन गईं। आवेश में उसका हाथ उठा और गोपाल के गाल पर 'चट' से एक तमाचा पड़ गया होता मगर एक व्यक्ति ने गोपाल की माँ का हाथ पकड़ लिया। "नहीं बहन, नहीं! इस मासूम को मत मारो। तुम्हें नहीं मालूम कि तुम्हारे इस बच्चे में ईश्वर ने कैसी ऊर्जा भर दी है। मैं ज्योतिष शास्त्र का जानकार हूँ। तुम्हें बताता हूँ। याद रखना, यह बच्चा राजा से भी समानता का व्यवहार करेगा। न किसी

को बड़ा मानेगा, न छोटा। इसकी बुद्धिमत्ता की सभी सराहना करेंगे। शत्रु को भी मित्र बनाने की कला में यह माहिर होगा। कटु सत्य बोलकर भी यह किसी को अप्रसन्न और खिन्न नहीं होने देगा। ऐसे लोग सदियों में पैदा होते हैं और सदियों-सहस्राब्दियों तक याद किए जाते हैं।"

गोपाल की माँ का क्रोध एकबारगी शान्त हो गया। उसने गोपाल को प्यार से चिपका लिया।

मेले का भरपूर आनन्द उठाने के बाद वे दोनों अपने घर की ओर चल पड़े।

प्रतियोगी गोपाल

एक बार किसी कार्यवश महाराज कृष्णचन्द्र ने गोपाल भाँड़ को बर्दमान के महाराज के पास भेजा।

जब गोपाल भाँड़ दरबार में उपस्थित हुआ तब 'बर्दमान' नरेश ने उसकी खूब आव-भगत की। महाराज कृष्णचन्द्र के दरबार में गोपाल भाँड़ के विदूषक नियुक्त होने के बाद से ही उसके वाक्‌चातुर्थ के किस्से दूर-दूर तक चर्चा में आ चुके थे। बर्दमान नरेश ने भी उसकी बुद्धि की, वाक्‌पटुता और समस्याओं का समाधान आसानी से कर लेने की सूझ की चर्चा सुन रखी थी। ऐसे भी बर्दमान नरेश गुणीजनों की इज्जत करते थे। गोपाल भाँड़ की उपस्थिति से वे रोमांचित थे।

महाराज कृष्णचन्द्र ने जिस प्रयोजन से गोपाल भाँड़ को बर्दमान नरेश के पास भेजा था, वह कार्य सम्पन्न हो जाने के बाद उसने बर्दमान नरेश से अपने राज्य लौटने की आज्ञा माँगी तो बर्दमान नरेश ने कहा–"गोपाल, मैंने और मेरे सभासदों ने आपकी विद्वत्ता की चर्चा बहुत सुनी है। मैं चाहता हूँ कि मेरे दरबार में आपकी विद्वत्ता का प्रमाण प्रस्तुत हो जाए तब आपकी विदाई हो। आज आप अपने राज्य के लिए प्रस्थान करने की इच्छा त्याग दें। मेरे दरबार में भी एक विदूषक है। यदि आपको मेरा प्रस्ताव स्वीकार हो तो मेरे महामंत्री आप दोनों को एक समस्या बताएँगे। आप दोनों में से जिसका समाधान श्रेष्ठ होगा, उसे सम्मानित किया जाएगा। आप यह समझें कि यह एक प्रतियोगिता है जिसमें आपका भाग लेना अनिवार्य है।"

गोपाल भाँड़ ने बर्दमान नरेश के सामने विनम्रतापूर्वक हाथ जोड़ते हुए कहा–"जैसी आपकी आज्ञा महाराज!"

गोपाल भाँड़ की यही विनम्रता विमुग्धकारी थी और इसके कारण ही महाराज कृष्णचन्द्र उसे दूसरे राज्यों में आवश्यक एवं गोपनीय कार्यों के

सम्पादन के लिए भेजते थे।

बर्दमान नरेश के दरबार का विदूषक सोमदत्त था तो हँसोड़ मगर दम्भी भी था। जब उसे यह जानकारी मिली कि बर्दमान नरेश ने राज-दरबार में एक प्रतियोगिता आयोजित की है जिसमें उसका मुकाबला गोपाल भाँड़ से होगा तब वह अभिमान से मुस्कुराया और अपनी मूँछों पर ताव देने लगा। उसे लग रहा था कि गोपाल भाँड़ का उसके सामने कोई अस्तित्व ही नहीं है। वह उसका मुकाबला क्या करेगा? अन्ततः उसे बर्दमान नरेश का सन्देश मिला—"अविलम्ब दरबार में हाजिर हों।"

सोमदत्त अविलम्ब दरबार में उपस्थित हुआ। बर्दमान नरेश ने उसे देखते ही कहा—"सोमदत्त! इनसे मिलो, ये हैं—गोपाल भाँड़। महाराज कृष्णचन्द्र के दरबार में इनकी बड़ी कीर्ति है। मैं चाहता हूँ कि आप दोनों के बीच एक प्रतियोगिता हो जाए। समस्या आप दोनों को महामंत्री देंगे। समाधान आप दोनों अपने-अपने विवेक से देंगे।"

सोमदत्त ने अभिमान से भरकर कहा—"जैसी आज्ञा महाराज! समस्याएँ तो समाधान के लिए ही होती हैं। ऐसी कोई समस्या नहीं जिसका समाधान न हो।"

बर्दमान नरेश सोमदत्त की बात सुनकर मुस्कुरा दिए, फिर महामंत्री को निर्देश दिया—"महामंत्री, आप इन दोनों को समस्या दीजिए।"

महाराज का निर्देश पाते ही महामंत्री अपने आसन से उठ गए और बोले—"आप दोनों एक ही समस्या का समाधान तलाशें। आप दोनों के लिए जो समस्या दी जा रही है, वह यह है..." फिर महामंत्री ने अपने हाथ में एक कागज लिया जिस पर लिखी बातें वे जोर-जोर से पढ़ने लगे—"आप दोनों को ऐसे तीन लोगों की खोज करनी है जिसमें से एक 'इस पार' का हो, दूसरा 'उस पार' का हो और तीसरा..." इतना कहकर महामंत्री थोड़ी देर तक चुप रहे। उनके चुप होते ही दरबारियों के बीच खुसुर-फुसुर होने लगी तभी महामंत्री ने गुँजीली आवाज में कहा—"और तीसरा—मझधार का हो।"

दरबार में फिर खुसुर-फुसुर होने लगी। तभी सोमदत्त अपने आसन से उठा और बोला—"महाराज! यह कोई मुश्किल समस्या नहीं है। मैं घंटे भर में तीनों तरह के प्राणी को आपके दरबार में उपस्थित कर दूँगा।"

मगर महाराज के कुछ बोलने से पूर्व ही महामंत्री ने सोमदत्त को टोका– ''सोमदत्त! समस्या आसान हो या कठिन, इस पर सर्वांगीण विचार कर अपना निदान प्रस्तुत करना ही उत्तम है। कहीं ऐसा न हो कि आपको यह पछतावा होने लगे कि आपने बिना विचारे निदान क्यों प्रस्तुत किया। इसलिए आज आप जाएँ और विचार-मन्थन कर लें। कल दोपहर बाद दरबार में उपस्थित होकर आप दोनों समस्या का हल प्रस्तुत करें।''

महामंत्री के हस्तक्षेप के बाद सोमदत्त शान्त हो गया।

गोपाल भाँड़ पहले भी शान्त था और बाद में भी शान्त रहा। उसे सोमदत्त के उतावलेपन का कारण भी समझ में आ गया था कि सोमदत्त अपनी साख बनाए रखने के लिए महाराज के सामने कुछ ऐसा दर्शाना चाहता था कि वह ज्ञानी है और किसी भी समस्या का समाधान चुटकी बजाते हुए कर सकता है।

दरबार से लौटकर गोपाल भाँड़ ने बर्दमान-भ्रमण का कार्यक्रम बनाया और महाराज बर्दमान से इसकी आज्ञा लेकर वह भ्रमण के लिए निकल गया।

दूसरे दिन दोपहर बाद वह दरबार में पहुँच गया तथा बर्दमान नरेश का अभिवादन कर अपने लिए निर्धारित आसन पर बैठ गया।

सोमदत्त अपने आसन पर पहले से विराजमान था और गोपाल भाँड़ की ओर देखकर दर्प से मुस्कुरा रहा था।

महामंत्री ने गोपाल भाँड़ से पूछा–''गोपाल महोदय, आप निदान प्रस्तुत करने के लिए तैयार हैं?''

गोपाल भाँड़ ने स्वीकृति में सिर हिलाया और कहा–''जी हाँ, श्रीमान, मैं समस्या के समाधान के लिए तत्पर हूँ किन्तु मेरा आग्रह है कि पहले अवसर सोमदत्त महोदय को दिया जाए। वे स्थानीय हैं। महाराज बर्दमान के दरबार के रत्न हैं और मेरे लिए अनुजवत् हैं। मैं उनके पहले अवसर प्राप्त करूँ, यह नीति-संगत नहीं है।''

महामंत्री ने सोमदत्त से समस्या का निदान प्रस्तुत करने के लिए कहा।

सोमदत्त अपने आसन से उठा और दरबार में उपस्थित तीन लोगों को महाराज के समक्ष उपस्थित करते हुए कहा–''महाराज! ये तीन लोग महामंत्री द्वारा सुझाई गई समस्या का निदान हैं। इनमें से पहला–राम गोपाल आज

सुबह नदी के इस पार प्रातः भ्रमण करते समय पकड़ा गया है; दूसरा नदी के उस पार मछली का जाल बनाते समय पकड़ा गया और तीसरा नदी के बीच में नाव पर सवार होकर मछली पकड़ते समय पकड़ा गया है। इस तरह ये तीनों नदी के इस पार, उस पार और मझधार के आदमी हैं।"

अब महामंत्री ने गोपाल भाँड़ की ओर इशारा किया–"गोपाल महोदय! अब आप अपना समाधान प्रस्तुत करें!"

गोपाल अपने आसन से मुस्कुराते हुए उठा और बोला–"महाराज! समाधान इस दरबार में कल भी उपस्थित था और आज भी उपस्थित है–मेरी समझ से, महामंत्री ने जिस इस पार, उस पार और मझधार की बात की है उसका सम्बन्ध संसारी जीवन से है, नदी या दरिया से नहीं। मेरी दृष्टि में दरबार में विराजमान 'नगर-सेठ' इस पार के आदमी हैं। इनका हर पल इस चिन्तन में गुजरता है कि पूँजी किस व्यापार में लगाएँ कि कुछ धन-लाभ हो जाए। इसलिए ये पूरी तरह संसार में जीते हैं। इन्हें अवसर ही नहीं मिलता कि इहलोक छोड़कर परलोक की बात करें या सोचें, इसलिए नगर-सेठ इस पार के आदमी हैं। अब आई बारी उस पार के आदमी की तो महाराज राजपुरोहित मेरी दृष्टि में पूरी तरह उस पार के आदमी हैं। सुबह से लेकर रात को बिस्तर में जाने तक राजपुरोहित भगवान की सेवा के लिए उद्यत रहते हैं। राजदरबार में उनकी उपस्थिति विविध गणनाओं की सूचना और अर्थ की निष्पत्ति के लिए होती है। राजपुरोहित को संसारी वस्तुएँ अपनी ओर आकर्षित नहीं कर पाती हैं। ऐसे में वे इस पार के आदमी नहीं हैं, पूरी तरह से उस पार के आदमी हैं–परलोक सुधारने के उपक्रम में लगे हुए। अब बात मझधार के प्राणी की। महाराज! राजनर्तकी मझधार की प्राणी हैं। उन्हें इहलोक की बातें भी आकर्षित करती हैं और धन की कामना में यौवन का उपयोग कर वे अधिक से अधिक द्रव्य प्राप्त कर लेने का उद्योग करती हैं किन्तु उन्हें यह चिन्ता भी सताती है कि सौन्दर्य-यौवन-शृंगार के सहारे वे जो कुछ भी करती हैं, कहीं वह अधर्म तो नहीं? इसलिए वे पूजा-पाठ और दान-पुण्य कर अपना परलोक भी सुधारने का प्रयास करती रहती हैं। इस तरह वे पूरी तरह न तो इस पार की हैं और न उस पार की बल्कि मझधार से अपनी जीवन-नैया निकालने में लगी हैं। उन्हें यह भी नहीं पता कि उनकी नाव इस पार लगेगी या उस पार!"

गोपाल भाँड़ की यह मीमांसा सुनकर पूरा दरबार तालियों से गूँज उठा। महामंत्री ने गोपाल भाँड़ को विजेता घोषित किया और महाराज बर्दमान ने उसे पारितोषिक प्रदान किया तथा एक प्रशस्ति-पत्र भी प्रदान किया।

गोपाल भाँड़ ने वापस लौटकर जब यह वृत्तान्त महाराज कृष्णचन्द्र को सुनाया तो वे बहुत प्रसन्न हुए और उसे अपने गले से लगा लिया।

कटहल पाने की तरकीब

गोपाल भाँड़ अपने वाक्‌चातुर्य और समय के अनुसार खुद को ढाल लेने की अपनी विशिष्ट क्षमता के कारण महाराज कृष्णचन्द्र का चहेता बन गया था। महाराज उसकी वाक्‌पटुता और बुद्धिकौशल से बहुत प्रभावित थे। सच तो यह था कि महाराज का मन उसके साथ लगता था। अब वे दरबार के बाद भी गोपाल को किसी न किसी बहाने रोक लेते। उसके साथ इधर-उधर की बातें करते, घूमते-टहलते।

एक दिन की बात है। महाराज ने गोपाल भाँड़ से कहा–''गोपाल, आज दरबार के बाद थोड़ी देर रुकना–सीधे, सरपट घर की राह मत पकड़ लेना।''

गोपाल ने शिष्टतावश कहा–"जो आज्ञा महाराज!"

शुरू से अन्त तक उस दिन दरबार गहमागहमी वाला बना रहा। एक के बाद दूसरा मसला सामने आता रहा और महाराज निदान बताते रहे। व्यस्तता ऐसी रही कि महाराज, महामंत्री, कोषपाल यानी प्रत्येक कर्मचारी भी हलकान रहे। जब दरबार समापन का समय आया तब राहत की साँस लेते हुए महाराज ने गोपाल भाँड़ की तरफ देखा और कहा–''क्यों गोपाल! अब तो समझ चुके होगे कि मैंने तुम्हें दरबार-समापन के बाद रुकने के लिए क्यों कहा था?"

गोपाल ने जवाब दिया–''मैं कैसे समझ सकता हूँ कि अन्नदाता के मन में क्या है?'' गोपाल ने भोलेपन से उत्तर दिया।

महाराज उसकी बात सुनकर मुस्कुराए। उस समय दरबार लगभग खाली हो चुका था। कर्मचारीगण अपना-अपना खाता-बही समेटने में लगे थे। महाराज अपने आसन से उठ गए और गोपाल से बोले–''आओ गोपाल, मेरे साथ। तुम्हें बताता हूँ कि मेरे मन में क्या है।''

महाराज गोपाल को अपने साथ लेकर बगीचे की तरफ चले गए। बगीचे में पहुँचकर उन्होंने कहा–"देखो गोपाल! इस बगीचे में तरह-तरह के फूल खिले हुए हैं। हर फूल की अपनी गन्ध, अपना आकर्षण, अपनी कोमलता, अपना सौन्दर्य है। है न? इसी तरह यह मानव समाज है। अपने राज्य में भी और दूसरे राज्य में भी। तरह-तरह के गुणवाले, तरह-तरह के हुनरवाले। तरह-तरह की इच्छाओंवाले लोगों से मैं रोज मिलता हूँ लेकिन फिर भी लगता है कि मुझे भी कहीं अभिव्यक्त होना चाहिए। इस बगीचे के फूलों को देखकर मन में सवाल पैदा होता है कि क्या कभी इन फूलों को भी अपने एकाकीपन का बोध होता होगा?"

गोपाल को लगा कि महाराज भावुक हो रहे हैं। उसने महाराज से कुछ नहीं कहा।

महाराज थोड़ी देर तक चुप रहे, फिर बोले– "गोपाल, सच कहूँ तो मैं तुम्हें सखा भाव में रोक लिया करता हूँ।"

गोपाल ने कहा–"महाराज, यह मेरा सौभाग्य है।"

देर तक महाराज बगीचे में टहलते रहे और गोपाल से बातें करते रहे। बगीचे में टहलते-टहलते वे दोनों बगीचे के उस भाग में आ गए, जहाँ फलदार वृक्ष लगे हुए थे। गोपाल को पके कटहल की सुगन्ध मिलने लगी। गोपाल को कटहल बहुत पसन्द था। जैसे-जैसे दोनों आगे बढ़ते रहे वैसे-वैसे गोपाल को कटहल की गन्ध और तेज होती महसूस हुई। चलते-चलते वे दोनों उस स्थान पर पहुँच गए जहाँ कटहल के पेड़ों का लम्बा सिलसिला था। पेड़ों के तनों से लटके पके कटहलों को देखकर गोपाल के मुँह से पानी आने लगा। इच्छा हुई कि वह महाराज से कटहल माँग ले मगर संकोचवश वह ऐसा नहीं कर पाया।

सूरज डूबने के बाद जब अँधेरा घना होने को आया तब महाराज ने गोपाल को घर जाने की इजाजत दी।

बगीचे से घर की राह पकड़ने के बाद भी गोपाल के नथनों में कटहल की सुगन्ध बसी रही। उसका मन ललचा रहा था। रास्ते में वह सोचने लगा कि ऐसी कोई तरकीब निकाली जाए कि बिना माँगे ही महाराज उसे कटहल दे दें।

इसी उधेड़-बुन में राह कैसे कट गई, उसे इसका भान नहीं रहा।

घर पहुँचकर गोपाल ने हाथ-पैर धोए और भोजन करके बिस्तर पर लेट गया। कटहल की सुवास उसे याद आती रही। अन्ततः कुछ निश्चय कर वह सो गया।

दूसरे दिन जब वह दरबार जाने के लिए तैयार हुआ तब आईने के सामने खड़ा होकर देर तक अपनी मूँछों पर तेल मलता रहा। उसने खूब सारा तेल अपनी मूँछों और होंठों पर लगा लिया।

जब गोपाल दरबार में उपस्थित हुआ तब उसकी मूँछों से टपकते तेल को देखकर दरबारी हँसने लगे। दरबारियों के हँसने का कारण जानने के लिए महाराज ने जब गोपाल की ओर देखा तब उन्हें भी हँसी आ गई। उन्होंने गोपाल को छेड़ते हुए पूछा–''क्यों गोपाल, अभी तुम क्या किसी तेली के पास से आ रहे हो?''

महाराज के इस सवाल पर सभी दरबारी हँस पड़े। हँसी का यह सिलसिला देर तक दरबार में चलता रहा। गोपाल के मेधा बल, वाक्पटुता और बुद्धिचातुर्य की महाराज द्वारा इसी दरबार में प्रायः सराहना की जाती रही थी जिससे सभी दरबारी गोपाल से जलते थे। आज जब महाराज ने उसकी तेल चुपड़ी मूँछों के कारण उसका उपहास किया तो दरबारियों को अपनी भड़ास निकालने का अवसर मिल गया। हँसी के बहाने वे दरबार में गोपाल का उपहास ही तो कर रहे थे।

मानो गोपाल इस स्थिति की कल्पना करके आया था इसलिए दरबारियों की हँसी से उद्वेलित नहीं हुआ और न महाराज के सवाल से ही उसे कोई परेशानी हुई। उसने मुस्कुराते हुए महाराज से कहा–''महाराज! मैं किसी तेली के पास क्यों जाऊँगा?''

"...तो फिर तुम्हारी मूँछों से तेल क्यों टपक रहा है?" महाराज ने पूछा।

''महाराज! यह तो सतर्कता के लिए लगा लिया है।" गोपाल ने उत्तर दिया।

"कैसी सतर्कता!" महाराज ने पूछा।

"महाराज!" गोपाल ने मुस्कुराते हुए कहा–''कटहल का लासा बहुत गाढ़ा होता है। चमड़ी पर लग जाएगा तो छूटना मुश्किल! मूँछों में लग जाए तो मूँछ मुँड़ाए बिना कोई उपाय नहीं है उस लासा से छुटकारा पाने का। ...और महाराज, मैं अपनी मूँछों से बहुत प्यार करता हूँ इसलिए उसकी सुरक्षा के लिए मैं मूँछों में पर्याप्त मात्रा में तेल लगाकर आया हूँ।''

महाराज उसके उत्तर से चकरा गए। "अरे! यह राजदरबार है। यहाँ तुम्हें कटहल के लासे से बचाव की जरूरत क्या है?" महाराज ने पूछा।

गोपाल थोड़ी देर तक महाराज को देखता हुआ मुस्कुराता रहा फिर बोला–"महाराज, कल बगीचे में मैंने कटहल के पेड़ों पर पककर तैयार हुए सैकड़ों कटहल लटके देखे। मुझे लगा कि यदि महाराज आज्ञा देंगे तो निश्चित रूप से मुझे कटहल खाना पड़ेगा...इसीलिए महाराज!"

महाराज को फिर हँसी आ गई। लेकिन इस बार कोई दरबारी हँस नहीं पाया। सबने समझ लिया कि गोपाल ने अपने लिए कटहल की जुगत भिड़ा ली है।

महाराज ने हँसते हुए दरबार में माली को बुलवाया तथा उसे आज्ञा दी कि अभी पाँच-सात तैयार कटहल तोड़कर उसे गोपाल के घर भिजवा दिया जाए।

गोपाल मन-ही-मन मुस्कुराता हुआ अपनी मूँछों के तेल को पोंछने में लग गया।

गोपाल भाँड़ को नव-जीवन

महाराज कृष्णचन्द्र की एक मौसी थीं–बाल-विधवा। भगवत् भजन, ठाकुर जी की उपासना और अपनी विशाल हवेली की देखभाल में उनका सारा समय व्यतीत होता। झक-सफेद साड़ी और सफेद ब्लाउज में ही वे दिखतीं। कभी किसी ने भी उन्हें इस वस्त्र के अलावा किसी अन्य वस्त्र में नहीं देखा था। अब तो मौसी ने अपने माथे पर चन्दन का तिलक लगाना भी आरम्भ कर दिया था। पूरे बंगाल के राज-घरानों में मौसी के बारे में विख्यात था कि उनके पास जितनी दौलत होगी उसकी कल्पना कोई अन्य कर ही नहीं सकता। मगर इफरात पैसा रहते हुए भी मौसी अपने हाथ से कानी कौड़ी भी खर्च नहीं करती थीं। यदि कोई उनसे मिलने आता तो उनका प्रयास रहता कि जितनी जल्दी हो, वह विदा हो जाए। मौसी सोचतीं–आखिर एक शाम भी खाया किसी ने तो कुछ नुकसान ही कर गया। किसी को खिलाने- पिलाने से तो कुछ मिलना नहीं है। वे हैं विधवा। बाल-बच्चा भी नहीं है। अभी तो शरीर ढला नहीं है। पहाड़ जैसी जिन्दगी बची है। यदि वे रिश्तेदारों को खिलाने-पिलाने पर खर्च करती रहीं तो उनकी सारी दौलत इसी पर लुट जाएगी। अच्छा है, शान्तिपूर्ण ढंग से भगवत् भजन में लगी रहें...जब शरीर गिरेगा तब यही दौलत काम आएगी।

एक बार महाराज कृष्णचन्द्र अपनी मौसी के घर गए। वहाँ लगभग एक सप्ताह रुकने का कार्यक्रम था। इस यात्रा को मनोरंजक और दिलचस्प बना लेने के खयाल से वे अपने साथ गोपाल भाँड़ को भी ले गए थे। महाराज कृष्णचन्द्र ने अपनी मौसी की कंजूसी के किस्से सुने तो थे, मगर कभी उनका सामना उनसे नहीं हुआ था। वे पहली बार मौसी के घर आए थे।

कृष्णचन्द्र को अपने घर आया देख उनकी मौसी बहुत खुश हुईं। जब कृष्णचन्द्र बहुत छोटे थे तभी एक बार वह उनके घर गई थीं। महाराज कृष्णचन्द्र

को वे किशन कहकर बुलाती थीं। मौसी ने अपनी हवेली की अतिथिशाला में महाराज कृष्णचन्द्र को ठहराया और अब गोपाल भाँड़ महाराज कृष्णचन्द्र के साथ चलने को उद्यत हुए तो मौसी ने महाराज कृष्णचन्द्र को झिड़क दिया–''तुम्हारी फिजूलखर्ची नहीं गई। एक आदमी ढोते हुए ले आए! एक आदमी का खर्च जानते हो, कितना होता है? तुम्हें तो बचपन से बिना जोखे खाने की आदत पड़ी हुई है...''

मौसी कुछ और बोलतीं तभी महाराज कृष्णचन्द्र ने उन्हें टोका–''अरे-अरे! मौसी, धीरे बोलो। गोपाल भाँड़ ने सुन लिया तो क्या सोचेगा? तुम नहीं जानतीं मौसी, यह जो अपना गोपाल है न, ठाकुर जी का भक्त है। इसके पास कई सिद्धियाँ हैं। यह भूत, भविष्य, वर्तमान का अच्छा ज्ञाता है। होनी- अनहोनी को बहुत पहले देख लेता है। इसी कारण मैं इसे हमेशा अपने साथ रखता हूँ।''

महाराज कृष्णचन्द्र जानते थे कि मौसी को चुप करने के लिए 'ठाकुर जी' और 'ज्योतिषी' आदि दो-चार संज्ञाएँ हैं जिनका विश्वसनीय ढंग से प्रयोग करने पर मौसी जी का गुस्सा उतर जाता है।

जब महाराज कृष्णचन्द्र ने गोपाल भाँड़ की काल्पनिक विशेषता मौसी को बताई तो मौसी शान्त हो गईं और बोली–''राम! राम! हरे...हरे! तुमने पहले क्यों नहीं बताया था किशन? मैं क्या अनर्थ कर बैठी! हरे...हरे! एक भक्त के बारे में क्या बोल गई! राम, क्षमा करें!'' कहते हुए मौसी अतिथिशाला से निकल आईं। मगर उनके मन में उथल-पुथल होती रही कि गोपाल भाँड़ होनी-अनहोनी की समझ रखनेवाला पहुँचा हुआ भविष्यद्रष्टा है...यदि वह जान गया कि मैं क्या बोल रही थी उसके बारे में तो? मौसी मन-ही-मन घबरा रही थीं।

मौसी के जाने के बाद महाराज कृष्णचन्द्र मन-ही-मन खूब हँसे। कंजूस मौसी को गोपाल भाँड़ के बारे में उन्होंने जो कुछ भी बताया था वह सारा वृत्तान्त उन्होंने गोपाल भाँड़ से कह सुनाया। गोपाल भाँड़ भी महाराज कृष्णचन्द्र की कारस्तानी जानकर जी खोलकर हँसा।

रात को शैया पर जाने से पहले महाराज कृष्णचन्द्र ने गोपाल भाँड़ से कहा–''गोपाल, मैं चाहता हूँ कि तुम मेरी मौसी से कुछ भी करके कुछ रुपए ठग लो। इससे मुझे बड़ी प्रसन्नता होगी और मेरी कंजूस मौसी को सबक

भी मिल जाएगा। बस, इस बात का ध्यान रखना कि तुम्हारी बदनामी न हो। तुम यहाँ मेरे साथ आए हो इसलिए तुम्हारा नाम मेरे नाम से जुड़ गया है। तुम्हारी बदनामी होने से मेरी भी बदनामी होगी।''

गोपाल भाँड़ ने उत्तर दिया–''महाराज! आपकी आज्ञा पर तो मैं कुछ भी करने को तैयार हूँ। मगर यह आश्वासन मुझे दें कि यदि मुझसे कोई चूक हो जाए और बात आप तक पहुँचे तो आप स्थिति सँभाल लेंगे।''

महाराज कृष्णचन्द्र मोद की मुद्रा में थे। उन्होंने अभय-मुद्रा में अपना हाथ उठाया और बोले–''तथास्तु! लेकिन याद रखना, मौसी जी की कंजूसी की प्रवृत्ति पर तुम्हें ऐसा प्रहार करना है कि वे थोड़ी उदार जरूर बन जाएँ! उनसे तुम्हें कुछ ऐसा पारितोषिक भी प्राप्त करना है जिसमें उनका धन व्यय हो।''

गोपाल भाँड़ ने अपने हाथ जोड़े और कहा–''महाराज! सेवक अपनी सारी बुद्धि से, अपनी सम्पूर्ण क्षमता से आपकी आज्ञा का पालन करने को तत्पर है। जल्दी ही आपको वह शुभ समाचार प्राप्त हो जाएगा जिससे आप स्वयं स्वीकार कर लेंगे कि मौसी कंजूस नहीं रहीं, बल्कि आप उनकी उदारता की सराहना करने के लिए विवश होंगे।''

महाराज कृष्णचन्द्र ने जब गोपाल भाँड़ की बातें सुनीं तो हँस पड़े और हँसते हुए बोले–''गोपाल! आदमी को सकारात्मक सोच तो रखनी चाहिए मगर अतिविश्वास में बढ़-चढ़कर बातें नहीं करनी चाहिए। अतिविश्वास खतरनाक है और यह प्रायः खंडित हो जाता है जिससे मनुष्य को पीड़ा झेलनी पड़ती है।''

गोपाल भाँड़ ने महाराज के कथन को सुना किन्तु कोई प्रतिउत्तर नहीं दिया।

महाराज कृष्णचन्द्र अभी सोकर जगे ही थे कि सुबह-सुबह उन्हें गोपाल भाँड़ की ऊँची आवाज अतिथिशाला के अहाते में बनी फुलवारी से आती सुनाई पड़ी। फुलवारी के बाद ही मौसी की हवेली थी। गोपाल जोर-जोर से 'प्रभाती' गा रहा था। महाराज समझ नहीं पाए कि गोपाल भाँड़ के इस गायन का मतलब क्या है। पहले तो वह ऐसा नहीं करता था। इससे पहले

भी वे उसको अपने साथ लेकर दूसरे राज्यों के समारोहों में गए हैं। ऐसा असामान्य व्यवहार उसमें उन्होंने कहीं नहीं देखा। उन्होंने सोचा कि गोपाल के लौटने पर वे उसके इस असामान्य व्यवहार के बारे में अवश्य पूछेंगे और उसे सचेत भी करेंगे कि वे मौसी के पास आए हैं, इस बात को गोपाल भूले नहीं। सम्बन्ध तो कच्चे धागों जैसे होते हैं। आचरण की छोटी सी चूक से ये उलझ सकते हैं, टूट सकते हैं। इसलिए सम्बन्धों के निर्वाह में सतर्कता बरतनी चाहिए।

महाराज कृष्णचन्द्र के मन में अभी ये विचार उठ रहे थे कि इसी बीच उन्होंने मौसी की आवाज सुनी–"गोपाल! फूल चुन लिये...तो आओ आकर मन्दिर में पूजा कर लो! मन्दिर की सफाई हो चुकी है। ठाकुर जी के भोग के लिए प्रसाद तैयार है। पूजा के लिए नैवेद्य और धूप आदि ठाकुर जी के आसन के पास ही रखा हुआ है और कुछ चाहिए तो माँग लेना!"

मौसी की आवाज सुनकर महाराज चौंके। वे कुछ समझ नहीं पा रहे थे कि गोपाल ने मौसी को कौन सा पाठ पढ़ा दिया है कि सुबह-सुबह वे गोपाल की तीमारदारी में लग गई हैं। महाराज के मन में जिज्ञासाओं का तूफान उठ रहा था। वे अतिथिशाला की खिड़की से फुलवारी की ओर देख रहे थे। अचानक यह देखकर उनकी आँखें विस्मय से फैल गईं कि मौसी फुलवारी में हैं और गोपाल के हाथ से उन्होंने फूलों की डलिया एक तरह से जिद करते हुए ले ली। अब मौसी आगे-आगे और गोपाल पीछे-पीछे मन्दिर की ओर जाने लगा। थोड़ी ही देर में वे दोनों महाराज की नजरों से ओझल हो गए।

महाराज मन-ही-मन सोच रहे थे–आखिर रात भर में ऐसा क्या घटित हुआ कि गोपाल भाँड़ मौसी का चहेता बन बैठा? महाराज के मन में यह गुन-धुन लगी रही फिर भी वे दिनचर्या में लग गए। दिन चढ़ आया। भोजन के समय महाराज गोपाल की प्रतीक्षा करते रहे मगर गोपाल नहीं आया। अन्ततः महाराज ने अकेले ही भोजन किया। महाराज भोजन के बाद प्रायः विश्राम करते थे मगर उस दिन उन्होंने विश्राम नहीं किया। खिड़की के पास टहलते रहे। उन्हें उम्मीद थी कि गोपाल उन्हें दिख जाएगा मगर शाम ढलने के बाद भी गोपाल नहीं आया और न गोपाल के बारे में कोई जानकारी मिली। महाराज यह तो समझ रहे थे कि गोपाल सुरक्षित है मगर कहाँ है

और क्या कर रहा है, इसके बारे में उन्हें कोई सूचना नहीं थी। महाराज को अब यह अखरने लगा था कि उनका दरबारी होकर भी गोपाल मर्यादाहीन आचरण कर रहा है। उसे कहीं जाना ही था तो बताकर जाता। महाराज उधड़-बुन में पड़े थे। इसी बीच उन्हें स्मरण हो आया कि उन्होंने गोपाल से मौसी की कंजूसी के बारे में बातें की थीं और मौसी से कुछ ठगने की शर्त लगा दी थी। उन्हें विश्वास हो गया कि गोपाल वही शर्त पूरी करने में लगा हुआ है। फिर भी उनके मन में यह सवाल था कि चाहे कोई भी बात रही हो, गोपाल को उन्हें बताकर जाना चाहिए था। उसे तो अपने स्वामी के प्रति अपने व्यवहार का भी खयाल नहीं रह गया! ऐसा तो नहीं होना चाहिए। महाराज यही सब सोचते हुए खिड़की के पास टहलते रहे।

आसमान में चाँद निकल आया। शाम का सुरमई रंग गहरा गया। फुलवारी में अब हल्की चाँदनी छिटक रही थी। फुलवारी के श्वेत-स्निग्ध पुष्पों की चमक धवल चाँदनी के कारण रात के अँधेरे में कौंध सी रही थी। महाराज खिड़की से थोड़ी देर तक बाहर की सुषमा निहारते रहे और अन्ततः उन दृश्यों से अपनी दृष्टि हटा ली। अपने कक्ष में पहुँचकर उन्होंने अपना परिधान बदला और भोजन कर रात्रि-शयन के लिए बिस्तर पर चले गए।

दूसरे दिन प्रातःकाल, सूर्योदय से पूर्व ही, महाराज की नींद किसी तरह की खट-पट की ध्वनि से खुल गई। उन्होंने ध्वनि की दिशा में देखना आरम्भ किया किन्तु कुछ भी स्पष्ट गोचर नहीं हो रहा था। अन्ततः महाराज ने गम्भीर स्वर में पूछा–''कौन है? सामने आओ!''

महाराज की आवाज सुनते ही एक साया हाथ जोड़े महाराज के सम्मुख आया और बोला–''मैं हूँ महाराज। आपका सेवक गोपाल!''

''अरे, गोपाल! तुम? क्या बात है? कल से तुम्हारा कोई पता ही नहीं है!'' महाराज कृष्णचन्द्र ने पूछा।

''बस, महाराज! आपकी इच्छापूर्ति में लगा हूँ। आज शाम तक–फल प्राप्ति का योग है।'' गोपाल भाँड़ ने उत्तर दिया।

महाराज समझ गए कि गोपाल भाँड़ मौसी वाले अभियान में लगा हुआ है। उत्सुकतावश उन्होंने पूछा–"गोपाल! क्या कर रहे हो, मुझे भी बताओ!''

गोपाल ने कहा–''अधिक तो नहीं बताऊँगा! बस, ऐसा समझ लीजिए कि मौसी को विश्वास हो गया है, मेरी आयु बस पूर्ण होने ही वाली है और

यदि मैं उनके हाथों से बने पकवान ग्रहण करूँगा तब मेरी आत्मा शान्ति से प्रयाण कर सकेगी। पकवान वे बना रही हैं और उनके मन्दिर में ठाकुर जी को भोग मैं लगा रहा हूँ और प्रसाद ग्रहण कर ठाकुर जी के मन्दिर में ही सो जाता हूँ। महाराज! मैंने मौसी जी को उनके पूर्वजन्म का वृत्तान्त कह सुनाया है तथा यह भी बताया है कि अपना इहलोक सुधारने के लिए उन्हें उदार हृदय से प्रभु-सेवा करनी चाहिए। पूजा का अर्थ है जो पुष्प से जन्मा हो; अर्थात् सुवास! मैंने मौसी जी को सुवास जैसा जीवन जीने की प्रेरणा दी है और वे मेरे निर्देशों पर अपना इहलोक सुधारकर ऐसी जीवन-प्रक्रिया अपनाने के लिए उत्सुक हो गई हैं जिससे कि उनका परलोक भी सुधर जाए।''

महाराज यह सुनकर चकित हुए तथा पूछा–"आखिर तुमने मौसी जी को ऐसा क्या कह दिया है कि वे तुम्हारे ऊपर इतना विश्वास करने लगी हैं?"

गोपाल भाँड़ ने उत्तर दिया–''महाराज! कल उषःकाल में मैं फुलवारी में टहल रहा था। मौसी मन्दिर के लिए फूल एकत्रित कर रही थीं। उन्हें देखकर मुझे आपकी शर्त स्मरण हो आई। मैं मौसी के चरणों पर गिर पड़ा। मौसी मुझे उठाने का जितना प्रयास करती, मैं उनके पैरों को उतने ही जोर से पकड़ लेता और कहता–बस देवी, अब मेरी आत्मा की शान्ति का प्रबन्ध कर दो!

"मौसी घबरा रही थीं। उन्होंने मेरा कन्धा पकड़कर उठने को कहा। मैं उठकर खड़ा हुआ और फफककर रोने लगा और बोला–'देवी! आपके कारण मेरे मोक्ष का द्वार खुल गया है किन्तु मेरी अनेक तृष्णाएँ अभी अतृप्त हैं! बताओ, मैं क्या करूँ?'

"मौसी के लिए मेरी बातें पहेली से कम नहीं थीं। वे विस्मित स्वरों में पूछने लगीं–'अरे गोपाल! यह क्या बावलों जैसी बातें कर रहा है? मैं कुछ भी समझ नहीं पा रही कि तू क्या कह रहा है और क्या चाह रहा है। आ मेरे साथ। ठाकुर जी के मन्दिर में बैठते हैं। वहीं तुमसे बातें करूँगी। ठाकुर जी की प्रतिमा देखकर तुम्हें भी चैन मिलेगा!...' सच कहूँ महाराज! मेरे तो भाग्य जग गए। मैं यही तो चाहता था। मैं मौसी के साथ मन्दिर में गया और वहाँ बहुत देर तक शान्त बैठा रहा। फिर मौसी ने ही पूछा–'अब बता गोपाल! तू इतना विह्वल क्यों हो गया था?'

"मैंने मौसी को बताया कि ज्योतिष के अध्ययन के समय मेरे गुरु ने कहा था कि जब कोई श्वेत-वसना नारी उषःकाल में कनक-पुष्प के साथ

मुझे दिखेगी, उसके तीसरे दिन मुझे इहलोक त्यागकर परलोक गमन करना पड़ेगा। यदि वह नारी उदार हुई तो मोक्ष और कृपण हुई तो प्रेतयोनि! मौसी मेरी बात सुनकर रो पड़ीं–'अरे नहीं गोपाल! अभी तुम्हारी अवस्था ही क्या है! ऐसी बातें न कर!' मगर मैंने मौसी के विलाप पर कोई ध्यान नहीं दिया। वे रोती रहीं और मैं शान्तचित्त बैठा रहा। जब मौसी का रुदन थमा तब मैंने शान्त स्वर में कहा–'बस मौसी! तुम चाहो तो मुझे प्रेतयोनि से बचा सकती हो!'

"मौसी सचमुच मर्माहत थीं। उन्होंने पूछा–'बता! गोपाल! क्या करूँ मैं तेरे लिए?'

"मैंने उनसे निवेदन किया–'बस मौसी, मुझे ठाकुर जी के मन्दिर में पड़ा रहने दो। यहीं भगवत् भजन करूँगा। इहलीला तो परसों समाप्त हो जानी है!' मौसी ने स्वीकार कर लिया। दिन का भोजन उन्होंने तैयार किया और स्वयं लेकर मुझे खिलाने आईं। रात में मैंने उनसे कहा–'मौसी! एक इच्छा है कि मैं तुम्हारे चौके में बैठकर भोजन करूँ!' और मौसी ने स्वीकृति दे दी। इसलिए आज मैं मौसी के महल में उनकी रसोई में बैठकर भोजन करने के अभियान में जुटा हुआ हूँ। भोजन के बाद उनसे अच्छी दक्षिणा भी प्राप्त करने की योजना है। अब मुझे आज्ञा दें महाराज! अब विलम्ब करना मेरे प्रयोजन के हित में नहीं होगा। मुझे सूर्योदय से पहले मछेरों की बस्ती पहुँचना है और फिर लौटकर स्नानादि से निवृत्त होकर मन्दिर में मौसी के आगमन की प्रतीक्षा करनी है।" गोपाल ने मुस्कुराते हुए कहा।

"मछेरों की बस्ती? भला क्यों?" महाराज ने उत्सुकता से प्रश्न किया।

"रहने दें महाराज! इस प्रश्न का उत्तर तो मैं मौसी से 'भोजन-दक्षिणा' प्राप्त कर लेने के बाद ही दे सकूँगा। अभी तो मुझे आप आज्ञा दें!" गोपाल भाँड़ ने मुस्कुराते हुए महाराज से विदा ली।

शाम ढल रही थी। महाराज अतिथिशाला की फुलवारी में टहल रहे थे। उन्हें गोपाल भाँड़ की अनुपस्थिति खल रही थी। अचानक उन्होंने देखा, गोपाल भाँड़ मौसी के साथ मन्दिर से निकलकर महल की ओर जा रहा है। महाराज समझ नहीं पाए कि यह माजरा क्या है। सूरज ढल गया। चाँद निकल आया। रात गहराने लगी। महाराज फुलवारी में टहलते रहे। उनकी नजर

बार-बार महल के द्वार से टकराती मगर महल का द्वार बन्द था और बन्द ही रहा। थककर महाराज अतिथिशाला की ओर चले और अपने कक्ष में प्रवेश कर गए। उन्हें आज विशेष व्यंजन परोसा गया जिसमें मछली का विशेष स्थान था। महाराज की उत्सुकता फिर बढ़ी और उन्हें बेचैन करने लगी कि क्या भोजन में परोसी गई मछली का गोपाल भाँड़ के मछेरों की बस्ती में जाने से कोई सम्बन्ध है? मगर उनकी इस जिज्ञासा को शान्त करनेवाला कोई नहीं था। महाराज भोजन के बाद देर तक अपने बिस्तर पर लेटे करवटें बदलते रहे।

सुबह देर तक सोते रहे महाराज। खट-पट की आवाज से उनकी नींद खुली। दिन चढ़ आया था। कक्ष के बाहर से अभी भी कई लोगों के चलने-बोलने की आवाजें आ रही थीं। मौसी के आतिथ्य में आए इतने दिन बीत जाने के बाद यह पहला अवसर था जब अतिथिशाला में कुछ चहल-पहल थी। महाराज अपने कक्ष से बाहर आए तब देखा कि कुछ लोग गोपाल भाँड़ के कमरे में एक मंजूषा रखने में लगे हैं। मंजूषा देखने में आकर्षक और भव्य था। मंजूषा की बाह्य सज्जा की मीनाकारी मंत्रमुग्ध कर देनेवाली थी।

महाराज से रहा न गया तो उन्होंने सेवकों से पूछा–"तुम लोग क्या कर रहे हो? यह मंजूषा कैसी है?"

महाराज का प्रश्न सुनकर एक सेवक ने उत्तर दिया–"महाराज! हमें ज्ञात नहीं कि यह मंजूषा कैसी है तथा इसमें क्या है? हमें मौसी जी ने आदेश दिया है कि यह मंजूषा गोपाल जी के कक्ष में रखवा दी जाए। हम उसी आदेश का पालन कर रहे हैं।"

महाराज चुप रह गए तथा अपने कक्ष में वापस आ गए। महाराज अपनी दिनचर्या में लगे रहे। धीमी गति से। उन्हें लग रहा था, जैसे दिन बहुत लम्बा है और समय बहुत मन्थर गति से चल रहा है। बहुत उत्सुकता से वे गोपाल भाँड़ की प्रतीक्षा कर रहे थे।

शाम ढलने के बाद गोपाल भाँड़ अतिथिशाला में आया। उसके साथ मौसी भी थीं। महाराज चकित और विस्मित से थे। मौसी गोपाल के कक्ष में गईं। मंजूषा का निरीक्षण किया। फिर वे महाराज के कक्ष में आईं और बोलीं–"पुत्र! थोड़ी ही देर में मेरे दो सेवक यहाँ आएँगे। तुम्हारे लिए एक विशेष सौगात है। उसे स्वीकार करोगे तो मुझे प्रसन्नता होगी।"

अभी मौसी और महाराज के बीच कुछ औपचारिक बातें हो रही थीं कि इसी बीच एक सुन्दर-सी पेटिका लेकर दो सेवक वहाँ पहुँचे। मौसी को उन्होंने पेटिका प्रदान की तथा वहाँ से प्रस्थान कर गए। मौसी ने मखमल चढ़ी उस पेटिका का ढक्कन खोला और उसमें रखी वस्तु को देखकर प्रसन्न हुईं फिर उसे महाराज की ओर बढ़ाते हुए कहा–''देखो पुत्र! कैसा है?''

महाराज ने पेटिका को हाथ में लिया तो यह देखकर दंग रह गए कि आकर्षक आबदार मोतियों की माला उसमें थी। महाराज उसे देख रहे थे और मौसी बोल रही थीं–''पुत्र! तू इतना बड़ा हो गया, युवराज से महाराज बन गया मगर मैंने तुम्हें कुछ नहीं दिया। इस बार तुम्हें कुछ ऐसा देना चाहती हूँ कि तुम अपनी मौसी को स्मरण रख सको। तुम्हें मोतियों की यह माला पसन्द आई पुत्र?''

महाराज ने स्वीकृति में सिर हिलाया और मौसी के चरण छुए। थोड़ी देर के बाद मौसी लौट गईं।

महाराज ने गोपाल भाँड़ से पूछा–''क्यों गोपाल, आज तुम यहीं रहोगे या तुम्हारा अभियान अभी शेष है?''

गोपाल ने हँसते हुए उत्तर दिया–''महाराज! अभियान सफलतापूर्वक सम्पन्न हुआ। इसका प्रमाण आपके हाथ में मोतियों की माला से मिलता है।''

महाराज गोपाल को साथ लेकर अपने कक्ष में चले आए और पूछा–''बताओ गोपाल! मौसी के व्यवहार में यह चमत्कारी परिवर्तन कैसे आया?''

गोपाल ने बताना शुरू किया–"महाराज! यह तो मैं आपको बता चुका हूँ कि मौसी की रसोई में बैठकर भोजन करने की स्वीकृति मैंने पा ली थी। मौसी के महल में जाने से पहले मैं मछेरों की बस्ती गया था, यह आपकी जानकारी में है। मौसी अपने महल में मुझे मन्दिर से ले जानेवाली थीं, यह भी आप जानते हैं। अब आगे का वृत्तान्त सुनें–मैं मछेरों की बस्ती पहुँचा। मछेरे अपने जाल के फन्दे ठीक करने में लगे थे। मैंने एक मछेरे से मछली का कोई भी व्यंजन उपलब्ध कराने का आग्रह किया। इसके लिए मैंने उसे एक स्वर्ण मुद्रा दी। मछेरे ने मुझे एक कटोरी में आलू और मछली की भाजी दे दी। मैंने उसी मछेरे से मिन्नत की कि मुझे वह कोई डेढ़-दो सेर की मछली

दे दे और इसके लिए भी मैंने उसे एक स्वर्ण मुद्रा प्रदान की। थोड़ी ही देर में उसने मुझे एक बड़ी सी रोहू मछली दी। मैंने उस मछली को अपनी धोती के फेंटे के सहारे पेट पर बाँध लिया और कटोरी में रखी मछली की भाजी के ऊपर पत्ता बाँधकर फिर उसे रूमाल से लपेटकर कुर्ते की जेब में रख लिया। अपनी योजना मैंने रात को ही बना ली थी। मौसी को भनक न लगे इसलिए मुँह-अँधेरे ही मैं बड़ी जेबवाला कुर्ता लेने यहाँ आया था और खटपट की आवाज सुनकर आप जग गए थे। हाँ, मछली की तैयार भाजी और लगभग जीवित रोहू लेकर मैं मन्दिर के द्वार पर पहुँचा और बाहर ही खड़े होकर मौसी की प्रतीक्षा करने लगा। मौसी मन्दिर में ठाकुर जी के दर्शन करने के बाद जब मन्दिर से निकलीं तो उन्होंने मुझे वहाँ प्रतीक्षारत पाया। मैंने उनके चरण स्पर्श किए। झुकने पर पेट पर बँधी मछली थोड़ी फड़फड़ाई लेकिन फिर शान्त हो गई। मैं मन-ही-मन प्रार्थना करता रहा कि यह मछली जीवित रहे...कम से कम महल पहुँचने तक। मौसी मुझे रसोई में भोजन कराने के लिए ले गईं। रसोई के द्वार पर ही मैंने मौसी से बड़ी बालटी माँगी और आँगन के कुएँ से पानी निकाला। बहाना था हाथ-पाँव धोने का। मैंने हाथ-पाँव धोते समय पेट पर बँधी मछली निकालकर बालटी में डाल दी। पानी में गिरते ही मछली तैरने लगी फिर शान्त होकर स्थिर हो गई, जैसे अपनी थकान मिटा रही हो! उस समय मौसी रसोई में मेरे भोजन का प्रबन्ध कर रही थीं।

"मैं रसोई में पहुँचा और पीढ़े पर बैठ गया। मौसी ने भोजन की थाल लगा दी। मैंने अवसर पाकर कुर्ते की जेब से मछली की भाजी वाली कटोरी निकाल ली और उसे खोलकर मैंने आलू की भाजी वाली कटोरी में उलट लिया और कटोरी फिर से रूमाल में लपेटकर अपनी जेब में रख लिया। मैं प्रेम से भोजन करने लगा। बीच में मौसी ने बहुत प्रेम से पूछा–'बेटा, और कुछ लेगा?'

"मैंने कहा–'मौसी जी, पेट तो भर चुका है लेकिन यह मछली-आलू वाली भाजी बहुत अच्छी बनी है, थोड़ी यही दे दीजिए!' मौसी मेरी बात सुनकर चौंकी और बोल पड़ी–'राम, राम! हरे, हरे! यह क्या बोलते हो बेटा? मछली आलू की भाजी? मेरे घर में लहसुन-प्याज तक वर्जित है और तुम कहते हो, मछली-आलू की भाजी?'

"मैंने तुरन्त मछली की भाजी वाली कटोरी मौसी के आगे कर दी। मौसी को तो काटो तो खून नहीं। विचित्र भ्रमित अवस्था में वे थीं। उनके मुँह से बोल नहीं फूट रहे थे। आँखें भर आई थीं।

"मुझे मौसी पर दया आ गई। मैंने उनका ध्यान बाँटने के लिए अपनी योजना के अनुरूप कहना शुरू किया–'मौसी, अब भाजी नहीं हो तो कोई बात नहीं। मेरा पेट तो भर ही चुका है। अभी कटोरी में थोड़ी मछली बची है, उससे मन भी भर जाएगा।

"मौसी मानो साँसत में पड़ गई थीं। मैंने बोलना जारी रखा–'जानती हैं मौसी, कल रात मुझे स्वप्न में कोई कह रहा था कि यदि कोई उदार नारी तुम्हें जीवित मछली दिखाए तो तुम्हारे जीवन की सम्पूर्ण बाधाएँ दूर हो जाएँगी और यदि कोई साध्वी तुम्हें मछली बनाकर खिलाए तो तुम्हारी आयु दुगुनी हो जाएगी। इसके बाद मेरी नींद खुल गई। फिर मैं चाहकर भी नहीं सो पाया इसलिए आज आपके मन्दिर पहुँचने से पूर्व ही मैं स्नान-ध्यान से निवृत्त होकर मन्दिर के बाहर टहल रहा था। अब जीवित मछली का दर्शन मुझे कौन करानेवाली मिलेगी? और आज के जमाने में आप जैसी उदार नारी हैं ही कितनी! ईश्वर की कृपा से पूरा स्वप्न नहीं, आधा स्वप्न ही सच हो पाया। देखें, इसके क्या परिणाम होते हैं! बस मौसी, मुझे बालटी से एक लोटा जल ला दें! तब तक मैं यह मछली खा लूँ।

"मेरे ऐसा कहने से मौसी कुएँ पर गईं और वहीं से चीख पड़ीं–'गोपाल जल्दी आ–देख, यह कैसा अजूबा घटित हो रहा है...मेरे आँगन में...मैं तो कुछ भी समझ नहीं पा रही हूँ। जल्दी आओ!'

"मैं भी हड़बड़ी दिखाता हुआ कुएँ के पास गया। मौसी वहाँ बालटी की ओर उँगली दिखाते थरथर काँप रही थीं। मैं बालटी में झाँका और प्रसन्न होने का अभिनय करते हुए मौसी के पाँव पर लोट गया। 'मौसी, मैं धन्य हो गया। आपके आँगन में मुझे नव-जीवन का सन्देश मिला...मेरा स्वप्न साकार हो गया। मेरी आयु अब दोगुनी हो जाएगी!...'

"मैं खुशी से चीख रहा था और मौसी किंकर्तव्यविमूढ-सी मुझे देख रही थीं। अब मैंने उन्हें सोचने का अवसर दिए बिना कहना शुरू किया–'मौसी! मौसा जी आपकी बाल्यावस्था में ही दिवंगत हो गए। उसके बाद से अब तक आपका जीवन इस घर की दहलीज और ठाकुर जी के मन्दिर के

इर्द-गिर्द ही व्यतीत हुआ है। आप न किसी समारोह में गईं और न कोई उत्सव मनाया। जीवन भी पूरी तरह सादगीपूर्ण ढंग से व्यतीत किया। यह साधना नहीं तो और क्या है? आप जैसी साध्वी और कहाँ मिलेगी? आप मुझ पर दया भाव दिखाइए और यह मछली बनाकर मुझे खिलाइए और जो बन जाए, उसे प्रसाद समझकर महाराज के पास भेज दीजिए। वे भी प्रसन्न होंगे। मेरा स्वप्न सार्थक हो जाएगा और मेरे ग्रह कट जाएँगे। मेरे लिए यह उदारता दिखाइए मौसी!' ऐसा कहते हुए मैं मौसी के चरणों में फिर लोट गया और बिलख-बिलखकर विलाप करने लगा।

"मुझे बिलखता देखकर मौसी ने मुझे उठाया और चुप कराया। उन्होंने कहा—'गोपाल, मैं तेरे लिए यह मछली बना दूँगी। मगर डरती हूँ कि किसी को भी इसकी भनक लगेगी तो मेरी बड़ी बदनामी होगी।' मैंने मौसी को समझाया—'मौसी, डरो मत! तुम्हारी बदनामी नहीं होगी। लोग तुम्हारी उदारता और साधना के गुण गाएँगे। तुम्हारी बदौलत मुझे नया जीवन मिल रहा है, यदि इसकी जानकारी लोगों को मिल जाए तो लोग तुम्हारी पूजा करेंगे।'

"मौसी मेरी बातें सुनकर मानसिक रूप से सन्तुष्ट हो गईं। मछली बनाने में मौसी के सामने दो समस्याएँ थीं। पहला यह कि वे मछली काटकर उसकी बोटियाँ तैयार करना नहीं जानती थीं। मैंने उन्हें बताया कि यह काम मैं कर दूँगा, तब उनकी दूसरी समस्या सामने आई कि उन्हें यह नहीं मालूम कि मछली कैसे पकाई जाती है। मैंने मौसी को यह कहकर सन्तुष्ट कर दिया कि यह काम मैं उन्हें बता दूँगा। फिर क्या था...मैंने मछली काटी, उसकी बोटियों को धोया और मौसी के पास बैठकर मछली के कई व्यंजन तैयार करवाए। खुद जी-भर के खाया और आपके पास भी भिजवाया। मछली खाते समय मैं मौसी की उदारता के गुण गाता रहा। भोजन कर चुका तब मौसी को समझाना शुरू किया कि उनकी उदारता की चर्चा पूरे राज्य में फैलनी चाहिए। लेकिन इसके लिए आवश्यक है कि मौसी महाराज को कोई बेशकीमती उपहार प्रदान करें। मौसी पहले तो चौंकी किन्तु वे कुछ बोलें, इससे पहले ही मैंने उन्हें समझाना शुरू किया कि महाराज बरसों बाद उनके पास आए हैं। जब उन्हें कोई बेशकीमती उपहार मिल जाएगा तब निश्चित रूप से वे इसकी चर्चा करेंगे। राजा के मुँह से यदि कोई बात निकलती है

तब उसका प्रभाव पूरी प्रजा पर होता है।' मेरी बात सुनकर मौसी आश्वस्त हो गईं। मैंने मौसी को फिर उकसाया–'जरा सोचो मौसी, पूरे राज्य के लोग तुम्हारी उदारता की चर्चा कर रहे होंगे, तब कैसा लगेगा?'

"मौसी ने स्वीकृति में अपना सिर हिलाया और बोलीं–'मैं मान गई गोपाल! तू जो कह रहा है, उसमें सच्चाई है। मैं समझती हूँ कि तुम उस राज्य के दरबारी विदूषक हो। तुम्हें बोलने-बताने के अवसर अधिक हैं। मैं उपहार तुम्हारे महाराज को तो दूँगी ही, पर इसका शुभारम्भ मैं तुमसे ही करूँगी।'

"...और इस प्रकार महाराज, मौसी की काया-पलट हो गई। मेरे लिए और आपके लिए उन्होंने उपहार भेजे हैं...अब आगे देखिए, हमें विदाई में क्या मिलता है!"

गोपाल भाँड़ की बातें सुनकर महाराज कृष्णचन्द्र जोर-जोर से हँसने लगे।

महाराज को दावत

महाराज कृष्णचन्द्र राय कभी-कभी भावना के वशीभूत होकर अविवेकी न्याय दे दिया करते थे। महाराज के इस आचरण के कारण उनके सभासद उन्हें सनकी समझने लगे थे। लेकिन किसी को इतनी हिम्मत नहीं होती कि महाराज के मुँह पर, उनके अविवेकी निर्णयों की आलोचना कर सके।

एक दिन महाराज के दरबार में हँसी-मजाक का दौर चल रहा था। इसी दौरान एक फरियादी आया और महाराज के सामने अपनी फरियाद रखने की विनती की। महाराज मस्ती की रौ में थे, उन्होंने हँसते हुए कहा—"हाँ, कहो! तुम भी कह लो!"

उस व्यक्ति ने कहा—"महाराज! मेरा नाम दीनानाथ है। मेरी पुत्री का विवाह अगले हफ्ते होना निश्चित हुआ है।"

"तो क्या महाराज को भोज में बुलाने आए हो?" किसी ने दरबार के बीच से फब्ती कसी जिसे सुनकर सभी हँसने लगे।

उसी समय दरबार में गोपाल भाँड़ ने प्रवेश किया। दरबार का माहौल देखकर उसे विस्मय-सा हुआ। सभी दरबारी हँस रहे हैं और महाराज के सामने एक व्यक्ति हाथ जोड़े मायूस और हताश-सा खड़ा है। महाराज की मुद्रा भी शासनोचित नहीं है।

जब गोपाल भाँड़ अपने आसन तक पहुँचा तो उसे फरियादी का चेहरा भी दिख गया। फरियादी को देखकर गोपाल भाँड़ चकित हुआ। यह फरियादी उसका बाल-सखा दीनानाथ था—पड़ोस के गाँव का निवासी। गोपाल भाँड़ कृष्णनगर का विदूषक है, इस बात की जानकारी उसे नहीं थी। गोपाल भाँड़ का आसन ऐसी जगह पर था जिसे दीनानाथ बिना उसकी तरफ घूमे देख नहीं सकता था। गोपाल भाँड़ अपने आसन पर बैठ गया।

महाराज अपनी मस्ती में थे। गोपाल के आने पर प्रायः वे कुछ बोलते थे मगर उस समय महाराज ने गोपाल भाँड़ पर बिलकुल ध्यान नहीं दिया। अपनी मस्ती में ही महाराज ने दीनानाथ से कहा–"आगे कहो!"

"महाराज! मुझे पुत्री के विवाह के लिए कुछ पैसों की जरूरत थी। मैंने अपने धनी पड़ोसी विश्वनाथ साहूकार से ढाई सौ रुपए कर्जस्वरूप देने को कहा। विश्वनाथ साहूकार ने मुझसे कहा कि रुपए तो वह मुझे दे देगा मगर इससे पहले मुझे उसकी एक शर्त पूरी करनी पड़ेगी। मैंने हामी भर दी कि शर्त चाहे जैसी भी हो, मैं पूरी करूँगा। तब उसने मुझे अमावस की रात में उसके घर के सामने के तालाब में गर्दन तक पानी में डूबे रहकर सूर्योदय की प्रतीक्षा करने को कहा। उसने कहा कि माघ के मध्य में यह कारनामा यदि मैंने कर दिखाया तो वह ढाई सौ रुपए कर्ज दे देगा।

"मैंने पिछली रात, कड़ाके की ठंड की परवाह न करते हुए, उसी तालाब में गर्दन तक पानी में खड़े रहकर बिताई। आज सुबह सूर्योदय के बाद उसके कहने पर मैं पानी से बाहर आया। साहूकार ने मुझसे पूछा कि अरे, तूने कड़ाके की सर्दी में भी तालाब में कंठ तक डूबकर रात बिता ली! इतनी ठंड में तो मजबूत से मजबूत आदमी जम जाएगा। तूने यह कारनामा कैसे किया? कैसे गुजार सके पानी में रहकर रात?'

"मैंने उससे बताया कि उसके दरवाजे पर एक लालटेन जल रही थी उसी की रोशनी को देखते हुए मैंने रात बिता दी। तब साहूकार क्रोधित हो गया और मुझ पर आरोप लगाने लगा कि मैंने शर्त का निर्वाह नहीं किया। लालटेन की रोशनी के सहारे अर्थात् लालटेन की लौ की गर्मी के सहारे रात काट दी है। इस आरोप के साथ ही वह मुझे कर्ज देने के वादे से मुकर गया।...महाराज! मैंने उसकी कठिन शर्त पूरी की। मेरे साथ उसकी यह वादाखिलाफी अमानवीय है। मुझे विवाह की तैयारियों के लिए पैसों की सख्त जरूरत है। उसने वादा नहीं किया होता तो मैंने कहीं और से प्रबन्ध करने का प्रयास किया होता...अब तो मेरे पास समय भी नहीं है। ऐसे में जब मुझे कोई उपाय नहीं सूझा तब मैं अपनी फरियाद लेकर आपकी सेवा में उपस्थित हुआ हूँ।"

महाराज मस्ती में थे। हँसी-मजाक का सिलसिला चल रहा था। इस बीच दीनानाथ और विश्वनाथ की कहानी आ गई तो सारा मजा किरकिरा

हो गया। फरियादी के चेहरे पर रात भर पानी में खड़े रहने के कारण सूजन आ गई थी और रात भर जगे रहने के कारण आँखें सुर्ख हो गई थीं। थकान के कारण वह ठीक से खड़ा नहीं हो पा रहा था। उसके शरीर को सँभालने के लिए उसके पाँव डगमगा से रहे थे। ठीक वैसा ही दिख रहा था वह जैसा कोई नशेड़ी दिखता है।

महाराजा ने उस पर नजर दौड़ाई तो उन्होंने मान लिया कि यह व्यक्ति नशेड़ी है और पैसा प्राप्त करने के लिए कहानियाँ गढ़ रहा है। मस्ती में खलल पड़ने से वे क्षुब्ध तो थे ही, फिर क्या था, उन्होंने फरियादी से पूछा–''बता, तू रात-भर उस साहूकार के दरवाजे पर जल रही बत्ती की लौ पर आँखें टिकाए रहा या नहीं?''

''जी हाँ, महाराज!'' दीनानाथ ने हाथ जोड़े उत्तर दिया।

''बता, लौ में रोशनी के अलावा गर्मी होती है या नहीं?'' महाराज ने पूछा।

''जी हाँ, महाराज, होती है,'' दीनानाथ ने उत्तर दिया।

''बता, गर्मी से ठंड भागती है या नहीं?'' महाराज ने फिर पूछा।

"भागती है सरकार!'' दीनानाथ ने उत्तर दिया।

"तब तू कैसे साहूकार पर वादाखिलाफी का आरोप लगा सकता है!" महाराज ने हिकारत-भरी आवाज में कहा–"जा! साहूकार ठीक कहता है। अब दफा हो! दरबार का समय खराब न कर!"

महाराज की बात सुनकर दीनानाथ के पाँव के नीचे से मानो जमीन निकल गई। उसकी सारी आशाओं पर जैसे पानी फिर गया। वह बहुत दुखी मन से महाराज का अभिवादन करके दरबार से बाहर निकल गया।

महाराज कृष्णचन्द्र राय और फरियादी दीनानाथ के बीच हुए संवाद को गोपाल भाँड़ बहुत ध्यानपूर्वक सुन रहा था। एक तो दीनानाथ उसका बाल सखा था, दूसरी बात, उसकी पुत्री का विवाह होनेवाला था। यह स्थिति जहाँ गोपाल की खुशी का कारण थी वहीं दीनानाथ के अर्थाभाव के बारे में जानकर वह मन-ही-मन पीड़ित हो उठा था। महाराज का अपने फरियादी के साथ किया गया व्यवहार उसे उद्वेलित कर रहा था। उसकी इच्छा हो रही थी कि आसन से उठकर भरे दरबार में ही महाराज को जी-भर के खरी-खोटी सुना दे मगर गोपाल ने धैर्य और विवेक से काम लिया। वह चुप

रहा। मन-ही-मन तय कर लिया कि महाराज को उनकी भूल का यथाशीघ्र बोध कराकर ही वह दम लेगा।

गोपाल अपने आसन से उठा और महाराज के आसन के पास पहुँचकर बहुत विनम्रता से कहा—"महाराज! कल मेरे आवास पर एक विशेष अनुष्ठान है। कृपया रात का भोजन आप हमारे साथ करें। यह आपका मुझ गरीब पर उपकार होगा।"

महाराज ने सहज स्वीकृति दे दी।

फिर गोपाल भाँड़ ने महाराज से निवेदन किया कि उसे अनुष्ठान और भोज के आयोजन की व्यवस्था में लगना है। अतः उसे जाने की अनुमति दी जाए। अनुमति मिलते ही वह तेज कदमों से राजदरबार के बाहर निकल आया। दरबार से बाहर आकर गोपाल ने सोचा कि इस समय दीनानाथ किस ओर गया होगा? फिर अनुमान के आधार पर वह दीनानाथ के गाँव की ओर जानेवाली सड़क पर तेज कदमों से चलने लगा। दो फर्लांग की दूरी तय कर लेने के बाद उसने दीनानाथ को थके कदमों से धीरे-धीरे सड़क पर जाते देखा। गोपाल लगभग दौड़ते हुए दीनानाथ के पास पहुँच गया।

गोपाल ने साथ-साथ चलते हुए दीनानाथ की ओर देखा। दीनानाथ अपने आपमें खोया-सा चला जा रहा था मानो उसे अपने आस-पास का बोध ही न हो। जब साथ-साथ कदम बढ़ाते गोपाल पर दीनानाथ ने ध्यान नहीं दिया तब गोपाल ने उसके कन्धे पर अपना स्नेहसिक्त हाथ धर दिया।

दीनानाथ ने मुड़कर गोपाल को देखा और उसे पहचानते ही उसके सीने से लगकर फफक-फफककर रोने लगा।

गोपाल निःशब्द उसे अपने सीने से लगाए, उसकी पीठ को स्नेह से सहलाता रहा।

कुछ पल ऐसे ही बीते। जब दीनानाथ अपने रुदन के वेग पर नियंत्रण पाने के योग्य हुआ तब गोपाल ने कहा—"यह औरतोंवाला गुण अभी तक तुममें मौजूद है? अरे यार! दोस्तों के मिलने पर प्रसन्नता प्रकट की जाती है कि ऐसे रोया जाता है?" गोपाल भाँड़ अपने मित्र दीनानाथ के साथ चलते हुए बोला—"भाई मेरे! इतने दिनों के बाद मिले हैं। कुशल-क्षेम तो बाद में पूछूँगा, अभी तो एक ही इच्छा है कि तुम्हारे घर चलूँ। भाभी से मिलूँ और

अपनी बिटिया से मिलूँ। क्या नाम है उसका?...अरे, हाँ, याद आया! सोना...सोनावती!...अब तो बड़ी हो गई होगी–है न?" दीनानाथ कुछ बोलता उससे पहले ही गोपाल भाँड़ फिर बोलने लगा–"देख, मैं तुम्हारे घर चल रहा हूँ। भाभी को मत बताना कि मैं गोपाल हूँ। देखूँ, मुझे पहचान पाती हैं या नहीं! हाँ, सोना मुझे नहीं पहचान पाएगी। पहचानेगी भला कैसे? जब दो-ढाई साल की थी तब ही तो देखा था। उसके बाद तो रोजमर्रे की जिन्दगी में हम दोनों ऐसे उलझे कि अपना भी पता नहीं रहा। रोज-रोज की उलझनें सुलझाते हुए बीतते रहे–दिन, पल, छिन!" गोपाल यूँ ही लगातार बोलता जा रहा था। उसकी मंशा थी कि दीनानाथ को विश्वनाथ साहूकार और महाराज कृष्णचन्द्र राय से जुड़ी यादों से निकाल लिया जाए। उसे बचपन से पता है कि दीनानाथ बेहद संवेदनशील है। छोटी-छोटी बातों का मलाल उसे बरसों सालता रहता है। यदि उसे इन दोनों घटनाओं की स्मृतियों से निकाल लिया जाए तब ही वह अपनी सामान्य क्षमताओं का सकारात्मक उपयोग कर सकेगा।

गोपाल के प्रयासों से दीनानाथ धीरे-धीरे सामान्य हो गया। गोपाल उसे एक मजबूत सम्बल की तरह लगा। सच है, जब व्यक्ति हर तरफ से निराश हो जाए और उसके कारण हताशा का शिकार हो जाए, उस समय यदि उसे थोड़ी सी भी सच्ची आत्मीयता मिले तो पुनः उसमें आत्मविश्वास का संचार होने लगता है। यह आत्मविश्वास ही है जो व्यक्ति को बड़ी से बड़ी मुसीबत से पार पाने की राह निकालते जाने की हुनर सिखा देता है।

थोड़ी ही देर में दीनानाथ अपने मित्र गोपाल से सहज होकर बातें करने लगा। बातों में राह कब कट गई, दोनों में से किसी को इसका अन्दाज नहीं रहा। दीनानाथ का घर आ चुका था। घर की हालत देखकर गोपाल भाँड़ को दीनानाथ की विपन्न स्थिति का अहसास हो गया। अपने पति को किसी अजनबी के साथ देख दीनानाथ की पत्नी कमरे से नहीं निकली। दीनानाथ ने समझ लिया कि वह गोपाल भाँड़ को पहचान नहीं पाई है और संकोचवश कमरे से बाहर नहीं आ रही है।

...गोपाल को आसन देकर वह स्वयं कमरे में गया और पत्नी को बताया कि गोपाल भाँड़ आया है। गोपाल–उसका बाल-सखा। अपनी पत्नी को लेकर वह गोपाल के पास आया तो एक द्रावक स्थिति पैदा हो गई।

गोपाल ने आसन से उठकर दीनानाथ की पत्नी के समक्ष हाथ जोड़े और दीनानाथ की पत्नी फफक-फफककर रो पड़ी। बरसों बाद आज किसी ने उसे सम्मान देते हुए उसका अभिवादन किया था। विपन्नता की स्थिति में तो सभी अपने, पराये हो चुके थे। किसी भी सगे ने यह जानने का प्रयत्न नहीं किया कि आखिर वह अपनी बेटी सोनावती का लालन-पालन कैसे कर रही है। मायकेवालों ने तो विवाह के बाद से ही, कभी झाँका नहीं और जब दीनानाथ आर्थिक रूप से टूट गया तब ससुरालवालों ने भी मुँह फेर लिया। बदहाल घर में तीन जन–वह, उसका पति और बेटी–कैसे दिन काटते रहे–यह कोई नहीं जानता। दिन ऐसे भी आए जब कोहड़े और कद्दू के पत्ते उबालकर उनसे अपनी क्षुधापूर्ति की। आज जब बेटी का विवाह सामने है तब उसके ससुरालवाले दहेज के लिए टंटा खड़ा कर रहे हैं। ढाई सौ रुपए कम होते हैं क्या? कहाँ से इन्तजाम हो पाएगा सात-दिनों में? दीनानाथ के बारे में वह जानती थी कि यह भावुक आदमी है, लुटा तो सकता है–माँग नहीं सकता! फिर भी, कल साहस करके साहूकार के घर गया था...रात भर वहीं रहा और वह रात भर अन्देशे में करवटें बदलती रही। फूल-सी कोमल सोनावती अपने माँ-बाप की हालत देखकर सदमे में है। उसे लगने लगा है कि विवाह के कारण ही उसके माता-पिता परेशान हैं। हालाँकि उसकी कोशिश रही है कि विवाह के कारण आई आर्थिक समस्या की भनक भी सोना को लगने न पाए।

गोपाल भाँड़ को देखने के बाद मन में जमा हुआ दुख अचानक पिघलने लगा और आँसुओं के रूप में निकलने लगा। उसने सारा वृत्तान्त गोपाल को सुना दिया।

गोपाल ने उसे दिलासा दी कि अब वह उनके बीच है। कोई समस्या नहीं रहेगी। सारी समस्याओं का समाधान होगा। हँसी-खुशी से होगी सोना की शादी और उसकी विदाई भी होगी धूमधाम से। किसी चीज की कोई कमी नहीं रहने दी जाएगी क्योंकि इस विवाह का सारा खर्च महाराज कृष्णचन्द्र राय वहन करेंगे।

गोपाल की इस घोषणा को सुनकर दीनानाथ और उसकी धर्मपत्नी दोनों ही अवाक् रह गए। उसने उन्हें यह नहीं बताया कि वह महाराजा कृष्णचन्द्र के दरबार में विदूषक है और न ही उन्हें भनक लगने दी कि जब

दीनानाथ महाराज के पास अपनी फरियाद लेकर गया था तब वह वहीं था और विश्वनाथ साहूकार की वादाखिलाफी की पूरी दास्तान वह सुन चुका है।

दीनानाथ और उसकी पत्नी ने उससे बार-बार जानना चाहा कि उसके इस कथन का आधार क्या है?

मगर गोपाल भाँड़ ने कहा—"आज तो मैं कुछ भी नहीं बताऊँगा। बस, बिटिया सोना से मिलूँगा। तुम लोग निश्चिंत होकर आराम करो। परसों महाराज का बुलावा आ ही जाएगा!"

दीनानाथ जानता था कि गोपाल तेज दिमागवाला आदमी है। मित्रों से झूठ नहीं बोलता और दगाबाजों को सबक सिखाए बिना नहीं मानता। बचपन से ऐसा ही है गोपाल। वह यह भी जानता था कि गोपाल अपने निर्णय से कभी डिगता नहीं इसलिए जब उसने कहा कि आज कुछ नहीं बताऊँगा तो उसने फिर जानने की जिद नहीं की।

गोपाल भाँड़ ने दीनानाथ की पत्नी से कहा—"भाभी, कुछ पेट-पूजा तो कराओ! और हाँ, बिटिया सोना से मिलाओ।"

दीनानाथ की पत्नी घर के अन्दर चली गई और एक षोडशी के साथ बाहर आई।

गोपाल भाँड़ ने समझ लिया कि यही सोना है। उसने आह्लादित स्वर में कहा—"अरे मेरी सोना बिटिया! इतनी बड़ी हो गई?"

सोना सकुचाती हुई गोपाल भाँड़ के पास आई और उसके पाँव छुए। गोपाल भाँड़ ने अपनी जेब में हाथ डाला। आज ही उसे पगार मिली थी। जेब में पचास मुद्राएँ थीं। उसने सारी मुद्राएँ सोना को थमाईं और कहा बरसों का 'नेग-जोग' तुम्हारा बाकी था बिटिया। ये तुम्हारे लिए है। जो मर्जी आए, करना।"

सोना कुछ बोल नहीं पाई। बस, कभी अपने माता-पिता को देखती, कभी गोपाल को। अजीब असमंजस की स्थिति में थी सोना।

गोपाल भाँड़ ने उसके संकोच को भाँपते हुए कहा—"जा! अब संकोच न कर!"

सोना ने फिर गोपाल के पाँव छुए और घर के अन्दर चली गई।

दीनानाथ की पत्नी गोपाल के लिए जलपान का इन्तजाम करके आई।

गोपाल ने दीनानाथ के साथ ही जलपान किया और उससे विदा लेकर अपने घर वापस लौट आया।

गोपाल के दरवाजे पर कनात लगा हुआ था। कुछ मजदूर लगातार व्यस्त थे। दीनानाथ के घर से लौटने के बाद से ही गोपाल भाँड़ महाराज कृष्णचन्द्र की दावत की व्यवस्था में लगा हुआ था। महाराज के बैठने का इन्तजाम उसने अपनी बैठक में किया था। बैठक को फूलों से सजाकर यह दिखाने की कोशिश की गई थी कि मेहमान के सम्मान में कोई कसर नहीं छोड़ी गई है।

महाराज कृष्णचन्द्र जल्दी ही दरबार से निबटकर गोपाल भाँड़ के आवास की ओर चल दिए। उन्हें उम्मीद थी कि गोपाल भाँड़ के यहाँ पहुँचने पर उसके मनोरंजन का अवश्य ही भरपूर इन्तजाम होगा। वह उन्हें अवश्य हँसाएगा।

जब महाराज गोपाल भाँड़ के आवास पर पहुँचे तो उनकी खूब आवभगत हुई। गोपाल भाँड़ उन्हें तरह-तरह के फूलों से आच्छादित कक्ष में बैठाकर यह कहते हुए कक्ष से बाहर निकल गया कि वह महाराज के विशेष भोजन की तैयारियाँ देखने के लिए जा रहा है।

महाराज कक्ष की पुष्प-सज्जा में मन रमाने लगे।...लेकिन कुछ देर में ही एकाकीपन से महाराज ऊबने लगे। उन्हें बेचैनी होने लगी। गोपाल भाँड़ के व्यवहार पर भी उन्हें आश्चर्य हो रहा था। वे मन-ही-मन सोच रहे थे–अजीब आदमी है यह गोपाल भी। आमंत्रण देकर भोजन पर बुलाया है और यहाँ पानी भी पूछनेवाला कोई नहीं है। भुनभुनाते हुए वे कक्ष से बाहर निकले कि दो सेवकों ने झुककर अभिवादन किया–''महाराज की जय हो! सेवक आपके लिए कोई सेवा दे सकता है तो कृपया आदेश करें!''

इतने औपचारिक अभिवादन की महाराज ने उम्मीद नहीं की थी। इस अभिवादन से उनका क्रोध जाता रहा। उन्होंने सेवकों से कहा–''मेरे लिए ठंडे पानी की व्यवस्था करो!''

सेवकों ने तत्परता दिखाई। कहा–"अभी लीजिए महाराज! आप कक्ष में बैठें, सेवक अभी जल का प्रबन्ध करता है।''

महाराज कक्ष में चले गए मगर पानी लेकर कोई नहीं आया। थोड़ी देर बाद गोपाल भाँड़ ने हाथ में खाली गिलास और खाली जग लिये कक्ष में प्रवेश किया और मेज पर दोनों बर्त्तन रखकर, हाथ जोड़े महाराज के समक्ष खड़ा हो गया।

महाराज उसकी इस मुद्रा का अर्थ नहीं समझ पाए। गोपाल भाँड़ की तरफ उन्होंने सवालिया निगाहों से देखा। फिर भी जब वह कुछ नहीं बोला तब महाराज ने पूछा–"क्या बात है गोपाल?"

गोपाल भाँड़ ने विनीत स्वरों में कहा–"महाराज! आपने पानी की व्यवस्था करने का आदेश दिया है। दो सेवक पानी की व्यवस्था करने में लग गए हैं। जैसे ही पानी की व्यवस्था होती है, वैसे ही आपकी सेवा में पानी हाजिर कर दिया जाएगा।"

गोपाल की बात सुनकर महाराज को गुस्सा तो बहुत आया मगर वे मुस्कुराते रहे। अपना गुस्सा जाहिर नहीं होने दिया।

गोपाल भाँड़ थोड़ी देर तक महाराज के पास रहा फिर यह कहकर वहाँ से चला गया कि वह देखकर आता है कि महाराज के लिए विशेष भोजन बनकर तैयार हुआ या नहीं!

इसी तरह गोपाल भाँड़ थोड़ी-थोड़ी देर के लिए महाराज के पास आता और फिर घंटे-डेढ़ घंटे के लिए गायब हो जाता।

अब तक महाराज को न तो पीने के लिए पानी दिया गया और न ही खाने के लिए एक दाना! अन्ततः महाराज खीज उठे और वे कक्ष से बाहर आ गए। बाहर पुनः दो सेवक उन्हें मिल गए। महाराज के सामने विनम्रता की मूर्ति-सी बनकर खड़े हो गए। महाराज ने उन्हें गोपाल भाँड़ से मिलवाने का आदेश दिया, और मुड़कर कक्ष में चले गए।

थोड़ी ही देर में गोपाल भाँड़ हाथ जोड़े कक्ष में महाराज के सम्मुख आ खड़ा हुआ।

गोपाल को देखकर महाराज ने बुरा-सा मुँह बनाते हुए कहा–"गोपाल! अब मुझे महल के लिए प्रस्थान कर जाना चाहिए।"

"अरे महाराज! बिना भोजन किए आप ऐसा कैसे कर सकते हैं?" गोपाल ने विनम्रता से कहा–"बस, अब भोजन तैयार होने ही वाला है।"

महाराज चौंके–" 'भोजन तैयार होने ही वाला है' से तुम्हारा आशय

क्या है? क्या भोजन अभी तक तैयार नहीं हुआ है?''

"नहीं महाराज! मैं तो शाम से लगा हुआ हूँ। हलवाई पर मेरी लगातार नजर है। कहीं काम-काज में भी कोई गफलत नहीं है..."

गोपाल अभी आगे कुछ बोलता कि उससे पहले ही महाराज ने उससे कहा–''क्या मजाक कर रहे हो? मुझे यहाँ आए पाँच घंटे हो चले और तुम्हारा भोजन अभी तैयार ही हो रहा है? चलो, जरा देखूँ क्या पक रहा है? कैसे पक रहा है?''

गोपाल तो यही चाहता था। उसने खुश होकर कहा–''महाराज! आपके लिए खिचड़ी का प्रबन्ध करवा रहा हूँ। चलिए, देखना चाहते हैं कि कैसे पक रही है तो मुझे कोई आपत्ति नहीं है।"

महाराज उसके साथ चल दिए।

गोपाल उन्हें लेकर उस स्थान पर आया जहाँ अस्थायी रसोई का प्रबन्ध किया गया था। महाराज ने वहाँ दो मजदूरों को मिट्टी खोदने के काम में लगा देखा। उन्हें दिखाते हुए गोपाल ने महाराज से कहा–''महाराज! ये दोनों सेवक आपके लिए पीने के पानी की व्यवस्था में लगे हुए हैं।''

महाराज की इच्छा हुई कि गोपाल का गला घोंट दें मगर वे संयत रहे। उन्होंने सोचा कि गोपाल जैसा विवेकी व्यक्ति इस तरह का आचरण कर रहा है तो निश्चित रूप से उसका कोई गूढ़ अर्थ है। उन्होंने अपने आवेश को नियंत्रण में रखा और गोपाल से पूछा–''तो मेरे लिए स्वच्छ-शीतल जल के प्रबन्ध के लिए कुआँ खुदवा रहे हो गोपाल! अब चलो, यह भी दिखा दो कि भोजन का प्रबन्ध कैसे कर रहे हो!"

गोपाल ने सामने उँगली का संकेत किया। महाराज ने उस तरफ देखा जिस तरफ संकेत किया गया था। उनकी आँखें फैल गईं। आश्चर्य से वे गोपाल की ओर देखने लगे–"यह क्या है गोपाल? सामने तो बाँस गड़ा है जिसके शीर्ष पर एक हंडी लटक रही है और नीचे जमीन पर एक लकड़ी जल रही है...''

''जी हाँ, महाराज! आपके लिए हंडी में विशेष खिचड़ी तैयार हो रही है।'' गोपाल ने कहा।

"अरे मूर्ख! इस तरह क्या खिचड़ी पकेगी? हंडी तक आँच पहुँच पाएगी?" महाराज ने पूछा।

"क्यों नहीं महाराज? जब दो फर्लांग की दूरी पर रखे गए लालटेन की लौ देखकर गर्दन भर पानी में डूबे व्यक्ति को माघ की सर्द अँधेरी रात में ताप मिल सकता है तो इस हंडी तक आँच क्यों नहीं पहुँचेगी?'

गोपाल का यह उत्तर सुनकर महाराज को वह घटना याद हो आई और वे तुरन्त पश्चात्ताप की मुद्रा में आ गए। उन्होंने गोपाल के सामने अपनी भूल पर खेद जताया और पूछने लगे–"उस व्यक्ति के साथ मैंने जो अन्यायपूर्ण व्यवहार किया है, उसका प्रायश्चित्त क्या हो सकता है?"

गोपाल ने सीधा उत्तर दिया–"उस व्यक्ति की पुत्री के विवाह का खर्च राजकोष से प्रदान करना और दुष्ट साहूकार विश्वनाथ को दंडित करना। इसके अतिरिक्त और कोई दूसरा तरीका नहीं है।" गोपाल ने कहा।

महाराज ने स्वीकृति में अपना सिर हिलाया। फिर पूछा–"यह सब कैसे किया जाए?"

गोपाल ने हँसते हुए कहा–"पहले तो महाराज चलकर भोजन करें। और शेष बातें मुझ पर छोड़ दें।"

गोपाल महाराज के साथ पुष्पाच्छादित कक्ष में चला आया। आनन-फानन में महाराज के लिए तरह-तरह के व्यंजनों से भरा थाल पहुँच गया। महाराज ने जी-भर के भोजन किया।

गोपाल ने महाराज को विदा करते समय यह बता दिया कि दीनानाथ की बेटी के विवाह की जिम्मेदारी वे अपने हाथों में कैसे लें।

दूसरे दिन सुबह दीनानाथ और उसकी धर्म-पत्नी यह देखकर चौंक पड़े कि महाराज के कुछ सेवक सूखे मेवों और मिष्टान्नों से भड़े कुछ थाल और दुलहन के जोड़ों के साथ उसके दरवाजे पर आए। उन्हें गोपाल की कही बात याद आ गई। मन में संशय फूटा–तो क्या सचमुच उनकी बिटिया का ब्याह महाराज कराएँगे?

सेवकों ने दीनानाथ से कहा–"महाराज ने आपकी पुत्री के विवाह के उपलक्ष्य में यह भेंट भेजा है और आपको दरबार में उपस्थित होने का आमंत्रण भेजा है।"

दीनानाथ चकित था। महाराज में आए इस परिवर्तन का उसे अर्थ समझ में नहीं आ रहा था। गोपाल भाँड़ की भविष्यवाणी उसे बरबस स्मरण हो आई। वह तैयार होकर महाराज के दरबार में पहुँचा।

महाराज ने उसे मेहमान के आसन पर बिठाया और पूर्व के अपने व्यवहार के प्रति खेद जताया। फिर महाराज ने कहा–"दीनानाथ! तुम्हारी पुत्री के विवाह का खर्च राजकोष से दिया जाएगा। विवाह धूमधाम से होना चाहिए, जैसे राजा की बेटी का होता है। बरातियों को भरपूर विदाई देने का प्रबन्ध है। मैं स्वयं इस विवाह में उपस्थित रहूँगा।"

दीनानाथ गद्गद होकर दरबार से लौटा। गोपाल भाँड़ की भविष्यवाणी इस तरह सच हो जाएगी, उसने सोचा न था।

जब दीनानाथ लौट गया तब महाराज ने विश्वनाथ को पकड़वाकर कारागार में डाल दिया।

नियत तिथि को सोना का विवाह सम्पन्न हुआ। महाराज स्वयं इस विवाह में वधू पक्ष की ओर से सम्मिलित हुए। दीनानाथ कन्यादान के लिए बैठा। उस समय उसका बाल-सखा गोपाल भाँड़ उसे देखकर मन्द-मन्द मुस्कुरा रहा था।

एक दिन की बादशाहत

"मूल प्रश्न यह नहीं कि सृष्टि की रचना किसने की। प्रश्न यह है कि भगवान क्या करता है?" महाराज कृष्णचन्द्र राय ने अपने एक दरबारी को टोकते हुए कहा। महाराज गम्भीर थे। दरबार भी संजीदा हो उठा।

अभी आधा घंटा पहले दरबार में हँसी-ठिठोली का सिलसिला चल रहा था। तभी किसी दरबारी के मुँह से निकला–'भगवान करे।' यह बात उसने दूसरे दरबारी पर व्यंग्य करते हुए तिक्त स्वरों में कही थी।

महाराज के कानों तक जब उसकी विष-बुझी कामना 'भगवान करे' के रूप में पहुँची तो उन्हें बुरा लगा।

उन्होंने उस दरबारी से जिसने 'भगवान करे' कहा था, पूछा–''यह बात तुमने किससे कही?"

वह दरबारी सचेत हुआ और मौन हो गया। उसे यह एहसास हो गया था कि महाराज को उसकी टिप्पणी बुरी लगी है।

मगर महाराज कृष्णचन्द्र राय की एक आदत थी कि जब कोई सवाल करते तब उसका जवाब अविलम्ब चाहते थे और जवाब नहीं मिलने पर उनका क्रोध बेकाबू हो जाता था। उस दरबारी को खामोश देख उन्होंने डपटते हुए कहा–''तुमने बताया नहीं, यह बात तुमने किससे कही?''

उस दरबारी ने अपने पास बैठे दरबारी की ओर उँगली से संकेत करते हुए कहा–"इनसे?"

महाराज ने उस दरबारी से पूछा–''तुमने इससे कुछ कहा था? क्या कहा था?''

महाराज के सवाल पर वह दरबारी खड़ा हुआ और बोला–''मैंने कहा था कि तब तो यहाँ आग लग जाएगी!''

महाराज को यह जानने की उत्कंठा नहीं जगी कि यह बात उसने क्यों

कही थी बल्कि उन्होंने फब्ती कसनेवाले उस दरबारी की ओर देखा जिसने कहा था–'भगवान करे।' फिर उन्होंने गम्भीर होते हुए पूछा–"तो भगवान का काम आग लगाना हुआ? यानी भगवान आग लगाने का काम करता है?"

उस दरबारी की हालत खराब हो गई। कुछ बोलने की हिम्मत न रही। पूरी तरह सिट्टी-पिट्टी गुम।

महाराज कृष्णचन्द्र राय ने सभी दरबारियों से मुखातिब होते हुए पूछा– "आपमें से कौन बताएगा कि भगवान क्या करता है?"

एक दरबारी अपने आसन से उठकर खड़ा हुआ तो महाराज ने उसे देखते हुए कहा–"हाँ, बताइए।"

वह दरबारी बोला–"महाराज! भगवान ने इस सृष्टि की रचना की है।"

महाराज ने त्वरित गति से उस व्यक्ति को चुप हो जाने का संकेत किया और कहा–"मूल प्रश्न यह नहीं कि सृष्टि की रचना किसने की? प्रश्न यह है कि भगवान क्या करता है?"

इसके बाद तो महाराज ने बारी-बारी से कई दरबारियों से यह प्रश्न पूछा। दरबार में एक तरह से इस प्रश्न को लेकर बहस-मुबाहिसों का दौर शुरू हो गया कि भगवान क्या करता है।

किसी ने कहा कि भगवान सर्वव्यापी है तो किसी ने कहा, सर्वशक्तिमान है मगर मूल प्रश्न का उत्तर किसी ने नहीं दिया। एक दरबारी ने कहा कि चूँकि भगवान सर्वव्यापी है, सर्वशक्तिमान है इसलिए वह सब कुछ कर सकता है।

महाराज कृष्णचन्द्र राय को किसी भी उत्तर से सन्तुष्टि नहीं हुई। अन्ततः उन्होंने गोपाल भाँड़ की ओर देखा और कहा–"क्या बात है गोपाल, तुम चुप हो! कुछ तुम भी कहो!"

गोपाल भाँड़ ने अपने आसन से उठकर कहा–"महाराज! आपका आदेश है तो जरूर कहूँगा। कहूँगा क्या, इस प्रश्न का उत्तर दूँगा। लेकिन इस प्रश्न का उत्तर जानने के लिए आपको मेरे वस्त्र पहनकर मेरे आसन पर बैठना होगा और मुझे आपका राजसी परिधान पहनकर आपके आसन पर। यह थोड़ी देर के लिए ही होगा लेकिन मुझे विश्वास है कि आपको इस प्रश्न का सटीक उत्तर मिल जाएगा कि भगवान क्या करता है।"

महाराज चकित होकर गोपाल भाँड़ को देखने लगे। दरबारियों में फुसफुसाहटें होने लगीं। दरबार में एक अजीब किस्म का शोर इन फुसफुसाहटों से उभरने लगा। दरबारियों को लग रहा था कि गोपल भाँड़ के प्रस्ताव से महाराज कुपित हो चुके हैं और निश्चित रूप से इस धृष्ट प्रस्ताव से गोपाल भाँड़ दंडित किया जाएगा। मगर तब दरबारियों के आश्चर्य का ठिकाना नहीं रहा जब महाराज ने कहा–"ठीक है गोपाल! मगर यह अभी सम्भव नहीं। मैं आज दरबार के बाद तुम्हारे घर राजसी परिधान भिजवा दूँगा और जो व्यक्ति यह परिधान तुम्हारे पास लेकर जाएगा, तुम उसके हाथों अपना एक लिबास मेरे लिए भेज देना। कल के लिए तुम्हें एक दिन का राजा नियुक्त करने की वैधानिक प्रक्रिया शाम तक पूरी हो जाएगी क्योंकि बिना इसके राजगद्दी पर बैठने की अनुमति किसी को नहीं दी जा सकती। एक दिन के लिए तुम इस आसन पर विराजमान हो सकते हो किन्तु कोई नीतिगत निर्णय नहीं ले सकते। दरबार का संचालन कर सकते हो, यदि कोई फरियाद लेकर आए तो उसकी फरियाद सुन सकते हो लेकिन किसी को दंड देने या पुरस्कार देने की घोषणा नहीं कर सकोगे क्योंकि 'अस्थायी नियुक्ति' के यही नियम हैं। राजा को राज्य के नियमों का ध्यान हर पल रखना पड़ता है। सामान्य बोलचाल की स्थितियों-परिस्थितियों में भी। मुझे विश्वास है कि तुम राजसी परिधान और राजसिंहासन की मर्यादा और गरिमा का ध्यान रख सकोगे।"

महाराज की इस घोषणा के बाद दरबार में चल रहा वह तर्क-वितर्क थम गया कि भगवान क्या करता है, और सामान्य दिनों की तरह दरबार की कार्रवाई चलने लगी।

शाम को दरबार दूसरे दिन के लिए स्थगित हुआ और गोपाल भाँड़ अपने घर लौटा। वह वस्त्र बदलकर अपने दरवाजे पर टहल रहा था कि महाराज के महल का एक सेवक महाराज के राजसी वस्त्र लेकर उसके पास आया। गोपाल भाँड़ ने वस्त्र ले लिये और अपना एक जोड़ा परिधान उसने सेवक को दे दिया तथा कहा–"इसे महाराज को सौंपते समय मेरी ओर से निवेदन करना कि इन्हें मैंने सम्मानपूर्वक उनके लिए भेजा है।"

सेवक वस्त्र लेकर लौट गया।

गोपाल भाँड़ देर तक चहल-कदमी करता रहा। तब तक जब तक कि थककर चूर न हो गए। गोपाल भाँड़ का मन बेचैन था। भोजन करने के

बाद सोने के लिए जब बिस्तर पर गया तो काफी देर तक करवटें बदलता रहा। उसके मष्तिष्क में बार-बार महाराज के शब्द प्रतिध्वनित हो रहे थे–'मुझे विश्वास है कि तुम राजसी परिधान और राजसिंहासन की मर्यादा और गरिमा का ध्यान रख सकोगे।'

आनेवाले कल के बारे में तरह-तरह की कल्पनाएँ करते न जाने कब गोपाल भाँड़ को नींद आ गई।

दूसरे दिन सुबह जगा तो मन अलसाया हुआ था। बिस्तर पर ही पड़ा रहा। थोड़ी देर में ही सहसा याद आया कि आज तो राजदरबार में उसे एक विशेष भूमिका में अतिविशिष्ट प्रश्न का सहज उत्तर देना है। उसने तत्काल बिस्तर से छलाँग लगाई और यथाशीघ्र तैयार हुआ। भोजन ग्रहण करने के बाद वह राजदरबार पहुँच गया।

एक सामान्य अनुष्ठान और संकल्प दिलाकर राजपुरोहित ने गोपाल भाँड़ को राजसिंहासन पर बैठाया। राजा के लिबास में गोपाल भाँड़ का व्यक्तित्व ही बदल गया था।

महाराज कृष्णचन्द्र राय जब दरबार में आए तब किसी का ध्यान उनकी तरफ नहीं गया। सच है, वस्त्र का भी अपना प्रभाव होता है। जब महाराज कृष्णचन्द्र राय दरबार में गोपाल भाँड़ के लिए निर्धारित आसन पर बैठे तब लोगों ने उन्हें पहचाना। राजसिंहासन पर बैठे गोपाल भाँड़ ने महाराज की तरफ देखा और आदतन आसन से उठकर उनका अभिवादन करने ही जा रहा था कि उसके कानों में महाराज के कल बोले गए शब्द गूँजने लगे–'मुझे विश्वास है कि तुम राजसी परिधान और राजसिंहासन की मर्यादा और गरिमा का ध्यान रख सकोगे।' इसके स्मरणमात्र से गोपाल भाँड़ सिंहासन पर गरिमामय ढंग से बैठा रहा। उसके चेहरे पर उस समय राजसी दर्प विद्यमान था।

महाराज कृष्णचन्द्र राय उसके बैठने के ढंग की मन-ही-मन सराहना करने लगे।

गोपाल भाँड़ ने दरबार की तात्कालिक कार्रवाइयों को एक दिन के लिए स्थगित रखने की घोषणा की और कहा–"आज का दिन ऐतिहासिक है। आज इस दरबार में हम सभी ने एक ईश्वरीय लीला देखी है जिसका खुलासा

थोड़ी देर में हो जाएगा, जब कल के लम्बित प्रश्न के उत्तर से आप सभी सहमत और सन्तुष्ट हो जाएँगे। यदि ऐसा होता है तब मैं कृष्णनगर के राजा की हैसियत से दरबार में उपस्थित सभी सज्जनों के साथ दोपहर का भोजन करना पसन्द करूँगा। महामंत्री मेरी इस इच्छा के अनुपालन के लिए यथाशीघ्र जुट जाएँगे।"

महाराज कृष्णचन्द्र राय ने चौंककर गोपाल भाँड़ की तरफ देखा मगर उसका चेहरा निर्विकार दर्प से दमक रहा था। दरबारी विस्मित थे। महामंत्री किंकर्तव्यविमूढ़ थे।

महाराज कृष्णचन्द्र राय, जो गोपाल भाँड़ के आसन पर बैठे थे, ने एक सामान्य दरबारी की तरह अपने आसन से उठकर कहा–"महाराज! कल के प्रश्न पर विचार प्रारम्भ होना चाहिए कि भगवान क्या करता है!"

गोपाल भाँड़ ने गम्भीर आवाज में दरबारियों से सवाल किया–"क्या अब भी आप लोगों को इस सवाल का जवाब चाहिए?"

दरबार में समवेत स्वर गूँजा–"हाँ!"

गोपाल भाँड़ राजसिंहासन से उठकर तनकर खड़ा हुआ और बोला–"बन्धुओ! आप लोग मुझे देखें! और महाराज कृष्णचन्द्र राय को भी देखें! यह परिवर्तन ईश्वरीय परिवर्तन है। भगवान यही तो करता है–राजा को रंक, रंक को राजा बना देता है। कल तक किसी ने कल्पना न की होगी कि मेरे जैसा अदना विदूषक राजगद्दी पर बैठा दिख सकता है मगर आज मैं साधिकार राजगद्दी पर बैठा हूँ। वैधानिक ढंग से राजा हूँ। कल तक किसी ने यह कल्पना भी नहीं की होगी कि महाराज कृष्णचन्द्र राय एक विदूषक के परिधान में अपने ही राजदरबार में एक साधारण दरबारी के आसन पर बैठे दिखाई देंगे! बोलो, यह सच है न? तो...यदि यह सच है तब आप लोग यह समझ गए होंगे कि यह अकल्पित यदि अनायास घटित हुआ तो यूँ ही नहीं। भगवान इस तरह के अकल्पित कार्यों को अनायास ही घटित कर देने में समर्थ है।"

दरबार में तालियों की गड़गड़ाहट पैदा हुई। देर तक दरबार तालियों की गड़गड़ाहट से गूँजता रहा।

इस बीच ही महामंत्री ने गोपाल भाँड़ के पास आकर उसे महाराज जैसा सम्मान देते हुए धीरे से कुछ कहा और अपने आसन पर जाकर बैठ गया।

गोपाल भाँड़ ने तालियों की गड़गड़ाहट के बीच ही घोषणा की कि दरबार में ही दिन के भोजन की व्यवस्था हो रही है। सभी दरबारी भोजन ग्रहण करके ही जाएँगे।

इसके साथ ही दूसरे दिन तक के लिए दरबार स्थगित किए जाने की घोषणा कर दी और अपने स्थान से चलता हुआ महाराज कृष्णचन्द्र राय के पास पहुँचा। महाराज उसकी भंगिमा से गद्गद हो रहे थे।

गोपाल भाँड़ ने उनके पास पहुँचकर जैसे ही उनका अभिवादन किया, महाराज ने उसे गले से लगा लिया।

दरबारियों ने उन्हें गले मिलते देखा तो एक बार फिर वे तालियाँ बजाने लगे।

गुणवान पत्ता

महाराज कृष्णचन्द्र अपने दरबार में बैठे थे। दरबार लगा हुआ था। दरबारी अपने-अपने आसनों पर विराजमान थे। महाराज उस दिन आमोद-प्रमोद में निमग्न थे। महाराज को दरबारियों ने पहले भी आमोद-प्रमोद करते देखा था। उनका अनुभव था कि जब भी आमोद-प्रमोद का आलम इस दरबार में आया है, तब और कुछ हुआ हो या नहीं, महाराज जरूर किसी सवाल पर अटक गए हैं और सवाल का जवाब देने के लिए पूरा दरबार आमंत्रित किया गया है और कोई न कोई दरबारी महाराज के सवाल का जवाब देकर इनाम पाया है।

आज भी लगभग वैसा ही दिन था। दरबारियों में खुसुर-फुसुर होने लगी। एक दरबारी ने दूसरे दरबारी के कान में कहा–"मुझे तो इन्तजार है कि महाराज किस सवाल पर अटकते हैं!"

दूसरे ने धीमी आवाज में पूछा–"क्यों भला?"

पहले ने उत्तर दिया–"महाराज जिस सवाल पर अटकेंगे, उस सवाल का जवाब देनेवाले को वे जरूर इनाम देंगे।"

"हूँ; जैसे तुम्हें पहले से पता है!" दूसरे ने कटाक्ष किया।

"नहीं, ऐसा नहीं है। मगर इस दरबार में पहले भी ऐसा हुआ है इसलिए मैं ऐसा कह रहा हूँ।"

दूसरे ने फब्ती कसी–"क्या ऐसा, ऐसा बोले जा रहे हो, जैसे किसी सवाल पर महाराज के अटकते ही उस सवाल का जवाब तुम दे दोगे?"

तीसरा दरबारी जो उनकी बातें सुन रहा था, बीच में बोल पड़ा–"आप दोनों व्यर्थ ही परेशान हो रहे हैं...दरबार में जब तक गोपाल भाँड़ है तब तक भला कोई दूसरा इनाम कैसे पा सकता है?"

बातचीत में इस हस्तक्षेप से दोनों दरबारी चौंक पड़े! उनमें से एक ने पूछा–"तो आप यह समझते हैं कि गोपाल भाँड़ ही इस दरबार में सबसे

योग्य और बुद्धिमान व्यक्ति है? वही उलझन-भरे सवालों का जवाब दे सकता है और इनाम पा सकता है?"

बातचीत में हस्तक्षेप करनेवाले दरबारी ने कहा–''मैं ऐसा कुछ भी नहीं कह रहा। इस दरबार का जो तजुर्बा रहा है, मैं वही बयाँ कर रहा हूँ।''

उस दरबारी की बात सच थी। दरबार में इससे पहले भी महाराज अपनी विनोदप्रियता में इधर-उधर की बातें करने लगे हैं और जब अचानक उलझन जैसी स्थिति उत्पन्न हुई है तब पूरे दरबार में एक अकेला गोपाल भाँड़ ही ऐसा व्यक्ति था जिसने उस उलझनपूर्ण मसले का सुलझा हुआ और सर्वस्वीकार्य उत्तर दिया। अभी ज्यादा दिन नहीं हुए। एक दिन दरबार में बहस छिड़ गई कि भगवान क्या करता है? इस प्रश्न का उत्तर देने में कोई भी दरबारी सफल नहीं हुआ। किसी ने कहा, भगवान सर्वज्ञ है तो किसी ने उसे सर्वव्यापी बताया। मगर यह इस प्रश्न का उत्तर नहीं था कि भगवान क्या करता है? गोपाल भाँड़ ने बहुत ही नाटकीय ढंग से महाराज को अपने आसन पर और स्वयं महाराज के आसन पर विराजकर कहा–'भगवान रंक को राजा, राजा को रंक बनाता है। वही इतना बड़ा उलट-फेर कर सकता है।'

दरबार में इधर-उधर की बातें चलती रहीं। दरबारी भी खूब रस ले-लेकर बातें करते रहे। आखिर एक प्रश्न पैदा हो गया कि सबसे बड़ा पत्ता किस पौधे, किस पेड़ का होता है?

इस प्रश्न ने महाराज कृष्णचन्द्र को भी उलझा दिया। दरबारी अपने आसनों पर बैठे-बैठे ही दावा करने लगे–''सबसे बड़ा पत्ता ढाक का होता है!''

तो कहीं से आवाज आई–"केले का!"

और कहीं से आवाज उभरी–"ताड़ का!"

आवाजें उभरती रहीं। दरबार में एक होड़ सी लग गई। दरबारी अपनी समझ से बड़े पत्तों का नाम बोलते रहे मगर महाराज किसी के भी जवाब से सहमत नहीं हुए। किसी भी दरबारी का उत्तर उन्हें सन्तुष्ट नहीं कर सका। अन्त में उन्होंने गोपाल भाँड़ की ओर देखा। वह अपने आसन पर सहज मुद्रा में बैठा था, मानो उसे इस बात से कोई मतलब ही नहीं हो कि किस दरबारी ने किस पत्ते को बड़ा बताया है।

महाराज ने उसे टोका–"क्या बात है गोपाल? तुम कुछ नहीं बोल रहे? तुम भी बताओ कि कौन-सा पत्ता सबसे बड़ा होता है?"

गोपाल भाँड़ अपने आसन से उठा और विनम्रता से बोला–"महाराज! मैं आपसे लम्बा हूँ, आपसे तगड़ा भी। क्या मैं अपने इन दो बाह्य गुणों के कारण आपसे बड़ा हो सकता हूँ?"

महाराज कुछ बोलते, उससे पहले ही दरबारियों ने चीखकर कहा– "नहीं!"

इसके बाद दरबार में खुसुर-फुसुर तेज हो गई। हल्का-हल्का शोर उभरने लगा।

महाराज ने समझ तो लिया था कि गोपाल भाँड़ दरबारियों की अटकलों से सहमत नहीं है और कुछ नया बताने के लिए अपनी भूमिका तैयार कर रहा है, फिर भी उन्होंने गोपाल को टोका–"अरे गोपाल! तुम क्या बात ले बैठे! मैं तुमसे सबसे बड़ा पत्ता बताने के लिए कह रहा हूँ और तुम हो कि अपने और मेरे शरीर की तुलना करने में लग गए!"

गोपाल ने तपाक से कहा–"महाराज! मैं कोई तुलना नहीं कर रहा। आपके साथ अपनी तुलना करना मेरी धृष्टता होगी। मैं तो यह कहने जा रहा था कि 'बड़ा' एक व्यापक शब्द है। इसका सम्बन्ध केवल आकार से नहीं, गुणों से भी है। आप महाराज हैं। आपकी मुस्कान से किसी की जिन्दगी सँवर सकती है और यदि आपकी भृकुटियाँ तन जाएँ तो किसी को जान के लाले पड़ सकते हैं।"

गोपाल ने अपनी भूमिका से ही समा बाँध लिया। दरबार में सन्नाटा सा छा गया। सभी दरबारी उत्सुक थे यह जानने के लिए कि अब गोपाल भाँड़ किस पत्ते को बड़ा बताएगा!

महाराज ने गोपाल भाँड़ की तरफ मुस्कुराकर देखते हुए कहा–"अच्छा, ठीक है गोपाल, बताओ, तुम्हारी नजर में सबसे बड़ा पत्ता कौन है?"

"महाराज! मेरी नजर में सबसे बड़ा पत्ता है–पान का पत्ता। इसका महत्त्व पूजा-त्योहार, विवाह-संस्कार, जन्म-संस्कार से लेकर अतिथि-सत्कार तक है। यह औषधि भी है और नैवेद्य भी। पान का पत्ता आपसी सद्भाव को कायम रखने में भी मददगार है। पान शर्तों के स्वीकार का भी प्रतीक है। 'बीड़ा उठाना' मुहावरा पान के इस गुण के कारण ही प्रचलन में आया है...।"

महाराज ने देखा कि अपनी बात कहते समय गोपाल भाँड़ पूरे आत्मविश्वास में है। उन्हें उसकी बातें पसन्द आ रही थीं।

"महाराज! पान से मुखशुद्धि होती है तो इसमें अद्‌भुत औषधीय गुण भी हैं। इसके पत्ते से मांसपेशियों की विषजनित सूजन का इलाज सम्भव है। यह अपने गुणों के कारण ही हमारी लोक-संस्कृति का अभिन्न अंग बन गया है।"

दरबारी गोपाल की बातें सुनकर तालियाँ बजाने लगे और महाराज अपने आसन से उठकर गोपाल के पास आए और अपने गले से मोतियों की माला उतारकर गोपाल के गले में डाल दी।

पिछली कतार में बैठे वे तीनों दरबारी भी इस दृश्य को देख रहे थे। तीसरे दरबारी ने उन दोनों दरबारियों से, जो प्रारम्भ में आपस में बातें कर रहे थे, कहा–"क्यों, फिर बाजी मार गया न गोपाल भाँड़!"

षट्रंग पुराण

महाराज कृष्णचन्द्र का दरबार लगा हुआ था। दरबार में एक प्रहरी उपस्थित हुआ और महाराज को सूचित किया–"महाराज, द्वार पर एक प्रौढ़ व्यक्ति खड़ा है। वह देखने में साहूकार-सा प्रतीत होता है। दरबार में उपस्थित होकर आपसे मिलने की आज्ञा चाहता है। आगन्तुक स्वयं को मुर्शिदाबाद के नवाब का दूत बताता है...।"

"जाओ, उन्हें ससम्मान दरबार में लेकर आओ।" महाराज ने प्रहरी की ओर देखे बिना ही उत्तर दिया।

प्रहरी दरबार से लौट गया। महाराज कृष्णचन्द्र नवाब मुर्शिदाबाद का नाम सुनते ही चौंक गए थे। दरअसल नवाब से महाराज के अच्छे सम्बन्ध थे मगर नवाब सनकी और तुनकमिजाज था जिसके कारण महाराज उससे घबराते थे। अभी तीन महीने पहले पड़ोसी राज्यों के शासनाध्यक्षों की एक बैठक हुई थी। अनावृष्टि से उत्पन्न स्थितियों से निपटने के लिए यह बैठक बुलाई गई थी। इस बैठक में महाराज कृष्णचन्द्र और नवाब मुर्शिदाबाद भी आमंत्रित थे। बैठक में जब विचार रखने के लिए महाराज कृष्णचन्द्र को मंच पर बुलाया गया तब महाराज ने जो कुछ कहा, उसका लब्बोलुआब यही था कि अभी तो बरसात का मौसम आया भी नहीं है, अभी से अनावृष्टि की आशंका से सभी शासनाध्यक्ष इसलिए उद्वेलित हैं कि पिछले वर्ष पानी नहीं बरसा जिसके कारण आस-पास के सभी राज्य भीषण सूखे की चपेट में पड़ गए। प्रजा त्राहि-त्राहि कर उठी। भूखों मरने से बचने के लिए किसान पलायन करने लगे।

महाराज कृष्णचन्द्र का कहना था कि इस वर्ष भी वही मंजर सामने आए, यह जरूरी नहीं है। उन्होंने शासनाध्यक्षों को सलाह दी कि इस सम्बन्ध में ज्योतिषियों से गणना कराकर देख लेना चाहिए कि इस वर्ष वर्षा

का योग कैसा है, उसके बाद ही कोई कदम उठाया जाना चाहिए। उन्होंने अपने राजज्योतिषी की सेवाएँ समर्पित करने का आश्वासन भी दे डाला।

नवाब मुर्शिदाबाद को महाराज कृष्णचन्द्र की यह राय बिल्कुल पसन्द नहीं आई। नवाब ने अपने सम्बोधन में महाराज कृष्णचन्द्र के प्रस्ताव की तीखी आलोचना की और कहा कि हम किसी पोंगापन्थी की राय जानकर हाथ पर हाथ धरे बैठे रह गए और अनावृष्टि की नौबत आ ही गई तब क्या होगा? हमें हर स्थिति से मुकाबला करने को तैयार रहना होगा। गत वर्ष पड़े भीषण सूखे के कारण गाँवों से प्रजा का पलायन हुआ और लगान वसूली नहीं हो सकी जिसके कारण राज्य को राजस्व का नुकसान उठाना पड़ा। इस वर्ष भी यदि वही हालत रही तब तो शासन का खर्च चलाना मुश्किल हो जाएगा।

नवाब मुर्शिदाबाद की चिन्ता भी बैठक में आए शासनाध्यक्षों को ठीक लगी मगर उनमें ऐसे भी लोग थे जिन्हें ज्योतिष पर पूरा भरोसा था। बैठक में ऐसे शासनाध्यक्षों की राय आई कि सम्भावित सूखे से निपटने की तैयारी करने से कोई नुकसान नहीं है। राज्यों के पास अपनी निजी सिंचाई परियोजनाएँ हों, इससे अच्छी कोई बात नहीं हो सकती। बड़ी नहरें खुदवाई जाएँ और उन्हें नदियों से जोड़ दिया जाए। ऐसी योजना पूरी होने में भी तो वर्षों लग जाएँगे। हाँ, ज्योतिषियों की राय भी ली जाए, इसमें कोई बुराई नहीं है।

अन्ततः इसी राय पर सभी शासनाध्यक्षों ने मुहर लगा दी। महाराज कृष्णचन्द्र ने अपने राजज्योतिषी को बुलवाया। ज्योतिषी ने गणना करके बताया कि बस दो दिनों के बाद से वर्षा होने लगेगी और इस वर्ष अच्छी बरसात होगी।

सभी शासनाध्यक्ष प्रसन्न हो गए मगर मुर्शिदाबाद का नवाब जल-भुन गया। उसने कहा कि बस, दो दिन की ही तो बात है। हमें यहीं दो दिन प्रतीक्षा करनी चाहिए और यदि बरसात नहीं होती है तब सूखा से निपटने के लिए ठोस कार्य-योजना तैयार कर लेनी चाहिए।

मेजबान राजा ने उनकी बात मान ली। दो दिनों तक विभिन्न राज्यों के शासनाध्यक्षों के सैर-सपाटे और मनोरंजन आदि का कार्यक्रम चलता रहा और ठीक तीसरे दिन आसमान में बादल छा गए। जोरदार वर्षा हुई।

अब सभी शासनाध्यक्षों के बीच एक ही चर्चा थी कि महाराज कृष्णचन्द्र का राजज्योतिषी बहुत सटीक गणना करना जानता है। उसकी भविष्यवाणी इस तरह फलित हुई जिसकी कल्पना तक किसी ने नहीं की थी। नवाब मुर्शिदाबाद भी अन्य शासनाध्यक्षों की हाँ में हाँ मिलाता रहा, मगर मन-ही-मन वह कुढ़ता रहा कि एक ज्योतिष की गणना के कारण महाराज कृष्णचन्द्र सभी शासनाध्यक्षों में लोकप्रिय हो गए हैं। अचानक उनके प्रति सभी का सम्मान बढ़ गया है।

वर्षा रुकने के बाद सभी शासनाध्यक्ष अपने-अपने राज्यों के लिए प्रस्थान कर गए। नवाब मुर्शिदाबाद अपने राज्य के लिए रवाना होने से पहले महाराज कृष्णचन्द्र से मिला। उसने महाराज से कहा कि यदि उसे किसी ज्योतिषीय समस्या का समाधान कराना होगा तो वह महाराज कृष्णचन्द्र की सहायता लेगा।

महाराज कृष्णचन्द्र ने हामी भर दी। महाराज यह समझ चुके थे कि उन्हें जो सम्मान बैठक में आए शासनाध्यक्षों से मिला, उसे देखकर नवाब ईर्ष्यालु हो गया है। खैर, नवाब के जाते ही महाराज कृष्णचन्द्र ने नवाब के साथ हुई बातों को अपने दिमाग से झटक दिया। और...आज अचानक जब नवाब मुर्शिदाबाद का दूत उनके पास आया तब तमाम बातें उन्हें अनायास ही याद हो आईं।

प्रहरी नवाब मुर्शिदाबाद के दूत को लेकर दरबार में उपस्थित हुआ। महाराज ने प्रथा के अनुरूप दूत का स्वागत किया और उसे उचित आसन पर बैठाया फिर उसके आने का कारण पूछा।

दूत ने महाराज से कहा–"महाराज! आपके राज्य में विद्वान पंडितों की कमी नहीं है। सभी मित्र राज्यों में आपके ज्योतिषियों के ज्ञान का बखान होता रहा है। हमारे नवाब की कुछ समस्याएँ हैं जिनका समाधान वे ज्योतिषियों से पूछना चाहते हैं। उन्होंने आपसे गुजारिश की है कि मेरे साथ कुछ ज्योतिषियों को मुर्शिदाबाद भेज दें।"

महाराज ने दूत को एक दिन विश्राम करने की सलाह देकर उसे अतिथिशाला में भेज दिया फिर राजज्योतिषी से सलाह करके कुछ योग्य

पंडितों को बुलवाया और उन्हें पोथी-पत्रा लेकर कल सुबह मुर्शिदाबाद रवाना होने की आज्ञा दे दी।

दूसरे दिन सुबह नवाब के दूत के साथ पंडितों का एक जत्था मुर्शिदाबाद रवाना हो गया।

मुर्शिदाबाद पहुँचने के बाद दूत इन पंडितों को लेकर सीधे नवाब के दरबार में पहुँच गया।

नवाब ने उन पंडितों से पूछा–"क्या आप लोग गणना करके मेरी शंकाओं का उत्तर देने की योग्यता रखते हैं?"

पंडितगण पहले तो इस अप्रत्याशित प्रश्न से घबरा गए किन्तु उनमें से एक ने आगे बढ़कर कहा–"नवाब साहब! हम लोगों ने भृगु और पराशर की ज्योतिषीय गणना पद्धतियों का अध्ययन किया है। आपकी जिज्ञासा या शंका हमारे सामने आएगी तो निश्चित रूप से हम उसका समाधान करने का प्रयास करेंगे।"

नवाब ने उनकी ओर देखा और प्रश्न किया–"इस धरती के नीचे क्या है?"

चूँकि इस प्रश्न का ज्योतिष-विज्ञान से कोई सम्बन्ध नहीं था, अतः सभी पंडित हत्प्रभ रह गए।

नवाब ने उनके सामने अपना प्रश्न फिर से दुहराया।

तब एक पंडित ने नवाब से कहा–"धरती के नीचे पाताल है।"

"पाताल में क्या-क्या है?" नवाब ने फिर सवाल किया।

सभी पंडित बगलें झाँकने लगे। किसी को कोई उत्तर नहीं सूझा।

नवाब द्वारा फिर से प्रश्न दुहराए जाने पर एक पंडित ने जवाब दिया–"नवाब साहब! हमारे ज्योतिषशास्त्र में ग्रहपिंडों की गतिशीलता से होनेवाले खगोलीय परिवर्तनों का अध्ययन है जिसके आधार पर हम विभिन्न भविष्यवाणियाँ करते हैं। मगर हमारे शास्त्र में पाताल के बारे में जानने की कोई गणना पद्धति नहीं है, इसलिए आपके प्रश्न का उत्तर देने में हम असमर्थ हैं।"

नवाब इस उत्तर से क्रुद्ध हो उठा और उसने सभी पंडितों को कारागार में डाल देने का हुक्म दे दिया।

बेचारे पंडित भूखे-प्यासे कारागार में डाल दिए गए।

किसी तरह यह खबर महाराज कृष्णचन्द्र तक पहुँची कि उन्होंने जिन पंडितों को नवाब मुर्शिदाबाद के पास भेजा था, उन्हें नवाब ने कैदखाने में डाल दिया है। महाराज पर अब स्वाभाविक रूप से यह चिन्ता सवार हो गई कि नवाब की कैद से किस तरह पंडितों की रिहाई कराई जाए। पंडितों को नवाब की कैद से आजाद कराना महाराज कृष्णचन्द्र की नैतिक जिम्मेदारी थी। महाराज यह भी समझ रहे थे कि नवाब मुर्शिदाबाद ने जानबूझकर उन्हें नीचा दिखाने के लिए यह अनीतिपूर्ण कदम उठाया है। महाराज कृष्णचन्द्र रसिक, मिलनसार और मृदुभाषी थे तथा लड़ाई-झगड़े से दूर ही रहते थे। वे चाहते थे कि कोई ऐसा समाधान निकले जिससे साँप भी मर जाए और लाठी भी न टूटे। अपनी इस समस्या के कारण महाराज कृष्णचन्द्र कई दिनों से परेशान थे। उनकी इस मनःस्थिति का ज्ञान गोपाल भाँड़ को हो गया था मगर वह यह नहीं जान पाया था कि महाराज परेशान क्यों हैं।

एक दिन दरबार समापन के बाद गोपाल भाँड़ महाराज कृष्णचन्द्र से एकान्त में पूछ बैठा—"क्षमा करें महाराज! इधर कुछ दिनों से आप परेशान से हैं! क्या बात है, मुझे बताइए। हो सकता है, मैं उस परेशानी को दूर करने में आपकी मदद कर सकूँ!"

'अन्धे को क्या चाहिए—दो आँखें!' महाराज से जब गोपाल ने उनकी परेशानी का कारण जानना चाहा तब महाराज को बड़ी शान्ति मिली। महाराज ने गोपाल भाँड़ से नवाब मुर्शिदाबाद से पिछली मुलाकात से लेकर पंडितों की गिरफ्तारी और उन्हें कैदखाने में डाले जाने का पूरा वृत्तान्त कह सुनाया।

सारी बातें सुनकर गोपाल भाँड़ ने महाराज से कहा—"बस, इतनी सी बात! अब आप परेशान न रहें। मैं अभी मुर्शिदाबाद के लिए रवाना हो जाऊँगा और जल्दी ही सभी पंडितों के साथ लौट आऊँगा। आप सिर्फ मुझे मुर्शिदाबाद जाने की आज्ञा प्रदान करें।"

महाराज ने गोपाल को राह खर्च के लिए कुछ स्वर्णमुद्राएँ दीं और कहा—"गोपाल! मुझे तुम्हारी योग्यता पर कोई सन्देह नहीं है मगर यह जरूर ध्यान में रखना कि मुर्शिदाबाद का नवाब सनकी है।"

गोपाल महाराज से विदा लेकर सीधे बाजार गया। अपने लिए उसने रेशम का शानदार कुर्ता और धोती खरीदा। ज्योतिषियों द्वारा उपयोग की

जानेवाली रेशमी पगड़ी खरीदी। फिर अपने घर लौटकर उसने एक ईंट को लाल कपड़े में लपेटा। लाल कपड़े का लगभग पूरा थान ही उसने इस ईंट पर लपेट दिया था जिसके कारण लाल गठरी-सी बन गई थी। उसे देखने से ऐसा प्रतीत होता था कि लाल कपड़े में कोई ग्रन्थ लिपटा हुआ है। इसके बाद गोपाल मुर्शिदाबाद के लिए रवाना हो गया। उसके साथ वह लाल गठरी भी थी।

मुर्शिदाबाद पहुँचकर उसने एक मजदूर को बुलाया और उसे वह लाल गठरी लेकर नवाब के दरबार में चलने को कहा। अच्छी मज़दूरी के लालच में वह मजदूर गोपाल भाँड़ के साथ चलने को राजी हो गया।

जब गोपाल नवाब के दरबार में पहुँचा तब उसके भव्य स्वरूप को देखकर नवाब सहित उसके सभी दरबारी व्यक्तित्व से प्रभावित हुए। गोपाल देखने में ही कोई सम्पन्न ज्योतिषी लग रहा था। नवाब मुर्शिदाबाद के सामने पहुँचकर गोपाल ने अपना परिचय दिया–''नवाब साहब! मैं ज्योतिषी गोपाल हूँ। महाराज कृष्णचन्द्र मेरे यजमान हैं। उनके अनुरोध पर मैं आपकी शंकाओं के समाधान के लिए उपस्थित हुआ हूँ। मेरे पास ज्योतिष की अनूठी जानकारियोंवाली पोथी 'षट्रंग पुराण' है। इस ग्रन्थ में, हवा में तैरती पवित्र आत्माओं से सहयोग प्राप्त कर, शंकाओं का समाधान करने के गुर बताए गए हैं।'' उसने मजदूर के सिर पर रखी गई लाल गठरी की ओर इशारा करते हुए कहा।

नवाब ने कहा–''ठीक है। मुझे यह जानना है कि पाताल में क्या है।''

सवाल सुनते ही गोपाल दरबार के बीच में ही मजदूर से लाल गठरी रखवा ली और उसके सम्मुख पालथी लगाकर बैठ गया। वह मन्त्र पढ़ने की शैली में बुदबुदाते हुए लाल पोटली खोलने लगा। थोड़ी देर तक वह तरह-तरह की भंगिमाएँ बनाता रहा फिर लाल गठरी पर झुककर अपना कान उसमें सटा लिया। फिर गर्दन उठाकर कहा–''नवाब साहब! षट्रंग पुराण का कहना है कि मुझे इस प्रश्न का उत्तर तलाशने का अधिकार नहीं है और न कोई पंडित ही इस प्रश्न का उत्तर दे सकता है क्योंकि षट्रंग पुराण की ज्योतिषीय मेधा हवा में तैरती आत्माओं के सहयोग से पल्लवित होती है। नवाब साहब! आप जानते होंगे कि हमारे धर्म में यह प्रथा है कि जब कभी भी कोई मर जाता है तब उसे जलाया जाता है तथा मृतक की आत्मा

पुनर्जन्म की प्रतीक्षा में आकाश में तैरती रहती है। आपको अपने इस प्रश्न का उत्तर उन लोगों से प्राप्त हो सकता है जिन्हें मृत्यु के बाद मिट्टी में दबाया जाता है।'' इतना कहकर गोपाल ने लाल पोटली पर सिर नवाया और विद्वत्तापूर्ण ढंग से साभिमान दृष्टि नवाब पर डाली।

गोपाल की बात नवाब को पसन्द आई। उसने सोचा कि सम्भवतः यही कारण रहा हो कि पूर्व में आए पंडित उसकी शंका का समाधान नहीं कर पाए।

गोपाल ने देखा कि नवाब और उसके दरबारियों पर उसका प्रभाव पड़ चुका है। तब उसने कहा–''नवाब साहब! यदि आप चाहें तो मैं कुछ आत्माओं का आह्वान कर सकता हूँ लेकिन इसमें जोखिम भी है। यदि किसी आत्मा को यहाँ का कोई आदमी पसन्द आ गया तब वह उसमें समा भी सकती है। ऐसा होने पर वह व्यक्ति जिसका आखेट किसी आत्मा ने कर लिया हो, अपना अतीत भूल जाएगा और वैसा आचरण करने लगेगा जैसा वह आत्मा चाहेगी। आत्मा की पसन्द का आदमी मैं भी हो सकता हूँ और आप भी हो सकते हैं...दरबार का कोई भी आदमी हो सकता है।''

गोपाल का यह प्रस्ताव सुनते ही नवाब के रोंगटे खड़े हो गए। उसने भी भूत-प्रेत और आत्माओं की कहानियाँ सुन रखी थीं। नवाब डर-सा गया। उसने कहा–''पंडित जी, रहने दो! आत्माओं के आह्वान की आवश्यकता नहीं है। मैंने बेकार ही महाराज कृष्णचन्द्र द्वारा भेजे गए पंडितों को कारागार में डलवा दिया था। अब मुझे समझ में आया कि वे लोग मेरी शंका का समाधान क्यों नहीं कर पाए।'' इतना कहने के बाद नवाब ने कारागार में बन्द पंडितों को आजाद करने का हुक्म दे दिया। गोपाल भाँड़ को नवाब ने कुछ इनाम भी दिया।

गोपाल भाँड़ मुक्त किए गए पंडितों के साथ जब महाराज कृष्णचन्द्र के दरबार में पहुँचा और महाराज को 'षट्रंग पुराण' की कथा सुनाई तो महाराज हँस-हँसकर लोट-पोट हो गए। उन्होंने भी गोपाल भाँड़ को इनाम दिया।

वंशीवादक गोपाल

महाराज कृष्णचन्द्र राय के दरबार में स्थान पाने के बाद गोपाल भाँड़ की प्रसिद्धि कृष्णनगर में फैल गई। उससे मिलने के लिए प्रायः तरह-तरह के लोग आने लगे। ऐसे लोगों में महत्त्वाकांक्षी भी होते और जिज्ञासु भी। उसे भी लोगों से मिलना-जुलना पसन्द था। लोगों से मिलने-जुलने से नई जानकारियाँ उसे मिलती रहती थीं। कभी-कभी लोग उसे अपनी कोई समस्या भी बताते और वह उस समस्या का हल उन्हें सुझा देता। इस तरह उसकी प्रसिद्धि कृष्णनगर के बाहर भी पहुँचने लगी।

महाराज कृष्णचन्द्र तक भी उसकी प्रसिद्धि की चर्चा पहुँची। महाराज यह जानकर प्रसन्न हुए कि उनके दरबार का एक आदमी राज्य के बाहर भी अपने बुद्धि-कौशल के कारण जाना जाता है।

एक दिन दरबार समाप्त होने के बाद महाराज कृष्णचन्द्र ने उससे अपने साथ भ्रमण के लिए चलने को कहा। इनकार का कोई कारण नहीं था। दोनों ही घोड़े पर बैठकर धीरे-धीरे घोड़ा दौड़ाते हुए कृष्णनगर के मुख्य मार्गों से गुजरते रहे। महाराज ने अचानक अपना घोड़ा कृष्णनगर से बाहर जाने की राह की ओर घुमा दिया। यह वही सड़क थी जो कृष्णनगर से मुर्शिदाबाद की ओर जाती थी। मुर्शिदाबाद से जुड़ी कई रोचक स्मृतियाँ महाराज कृष्णचन्द्र के मस्तिष्क में थीं और कई अविस्मरणीय स्मृतियाँ गोपाल भाँड़ के मस्तिष्क में। चलते-चलते दोनों कृष्णनगर के सीमान्त क्षेत्र में प्रवेश कर गए। यहाँ मनोरम हरियाली थी। खुला वातावरण था। आकर्षक सरोवर थे जिनमें कमल पुष्प खिले हुए थे। भीनी-भीनी सुगन्ध के साथ मन्थर-समीर दोनों के दिलो-दिमाग में ताजगी भर रहा था। सरोवर के पास ही एक छोटा-सा मन्दिर था जहाँ से वंशी की मधुर ध्वनि उन दोनों तक पहुँच रही थी।

महाराज वंशी की धुन को सुनकर चकित रह गए। अरे, यह कैसी स्वप्निल अनुभूति से भर रहा हूँ मैं! शायद यही प्रकृति का चमत्कार है। शाम ढल रही है। सम्पूर्ण पश्चिमाकाश रक्तवर्णी हो उठा है। चिड़ियाँ चहचहाते हुए अपने घोंसलों की ओर लौट रही हैं। डूबते सूरज की रक्तवर्णी किरणों से कमल-दल रक्ताभ हो रहे हैं मानो प्रेमी के स्पर्श से किसी गोरी नवयौवना के मुखड़े पर शर्म की लाली दौड़ गई हो...ऐसे में यह वंशी की तान!...मन्त्रमुग्ध से महाराज वहाँ की प्राकृतिक छटा निहारने में खोए रहे।

सूर्यास्त के बाद शाम का रंग बदला। चारों ओर सुरमई अँधेरा फैलने लगा। गोपाल भाँड़ ने देखा कि यदि महाराज इसी तरह अपनी तन्मयता में डूबे रहे तो रात गहरा जाएगी। इस सुनसान में देर तक रुके रहना उचित नहीं है। जंगल का सिलसिला एक-डेढ़ मील की दूरी पर आरम्भ हो जाएगा। चोर-उच्चकों और जंगली जानवरों को निशाचर कहा गया है। रात गहराने पर उनकी ताकत बढ़ती है। क्या पता उनमें से कोई इधर का ही रुख कर ले!

अभी गोपाल भाँड़ महाराज को वापसी के लिए कहने की सोच ही रहा था कि वंशी की तान एक ऊँचाई तक जाकर समाप्त हो गई। महाराज की तन्द्रा टूटी। बोले–"ओह, संगीत में कितना रस है! मैं श्रान्त और बोझिल था, इसीलिए भ्रमण के लिए निकला था कि मेरी मानसिक श्रान्ति समाप्त हो जाए। अच्छा हुआ कि मैं इस ओर आ गया। मेरे राज्य में इतना अच्छा वंशी बजानेवाला कोई है, इस बात का ज्ञान मुझे नहीं था। इधर नहीं आया होता तो यह ज्ञान कदापि नहीं होता।"

महाराज अभी भी संगीत की स्वर-लहरियों में खोए हुए थे। उन्हें रात हो जाने का भान कराने के उद्देश्य से तत्क्षण ही गोपाल भाँड़ ने कहा–"महाराज! सूरज डूब चुका है और रात गहरा रही है। अभी तो हम लोग कृष्णनगर की राह चलें। रास्ते में बातें भी होती रहेंगी।"

महाराज की मानो चेतना लौटी। समय का भान हुआ। उन्होंने अपना घोड़ा मोड़ लिया और कृष्णनगर की ओर लौट पड़े। महाराज के घोड़े के बगल में गोपाल भाँड़ भी अपना घोड़ा ले आया। महाराज ने उससे कहा–"गोपाल! इस सुरम्य वातावरण में मन्द-मन्थर समीर के साथ वंशी की सुरीली तान ने मुझे जैसे सम्मोहित कर लिया था। मैं अभी भी संगीत की

उन लहरियों से अपनी शिराएँ झंकृत होता अनुभव कर रहा हूँ। संगीत का ऐसा प्रभाव मैंने कभी नहीं जाना था।''

"हाँ, महाराज!" गोपाल ने कहा–''मैं तो बचपन से ही संगीत-प्रेमी रहा हूँ। आप जानते हैं महाराज, उस रमणीय स्थल पर गुरु देवहरि ने वह छोटा-सा मन्दिर बनवा रखा है। वे वहीं रहते हैं और कुछ शिष्यों को संगीत की शिक्षा देते हैं–परम्परागत संगीत की। वे वंशी बजा सकते हैं, तो वीणा और सितार भी। तबला, ढोल और मृदंग पर भी उनकी उँगलियाँ जादू का-सा प्रभाव पैदा करती हैं।''

"अरे, तुम पहले से इस स्थान के बारे में जानते हो?" महाराज ने विस्मय से पूछा और घोड़े की लगाम खींच ली। घोड़ा हठात् रुक गया।

गोपाल ने कहा–''हाँ, महाराज! मैं बचपन से इस स्थान को जानता हूँ। मगर आपने घोड़ा क्यों रोक लिया? चलते रहिए। रात गहरा चुकी है और महल तक पहुँचने में अभी समय लगेगा।''

महाराज ने घोड़े को एड़ लगाई, घोड़ा फिर मन्द गति से चलने लगा। ''...तो तुम बचपन से इस स्थान के बारे में जानते हो? मगर तुमने कभी मुझे बताया ही नहीं!''

''हाँ, महाराज, नहीं बताया। कभी ऐसा कोई प्रसंग आया ही नहीं कि मैं आपसे कुछ बताता।'' गोपाल भाँड़ ने कहा।

"...तो अब बता दो।" महाराज कृष्णचन्द्र ने कहा।

गोपाल भाँड़ ने कहना शुरू किया–"महाराज! बचपन में मैं गुरु देवहरि के पास संगीत सीखने जाया करता था। वंशी-वादन मैंने भी सीखी है। यदि मेरे परिवार की आर्थिक स्थिति अच्छी होती तो मैं अभी भी संगीत सीख रहा होता। महाराज! मुझे गुरु देवहरि बहुत मानते थे और कहा करते थे–'गोपाल! तेरी रगों में सुर, लय, ताल की त्रिवेणी कुलाँचे ले रही है। एक दिन तुम संगीत के संसार में नया कीर्तिमान स्थापित करोगे।' लेकिन महाराज! मैं गुरु देवहरि की यह कल्पना साकार नहीं कर पाया। अब तो आपके दरबार में हूँ। आपकी सेवा ही अब मेरा धर्म है।" इतना कहकर गोपाल चुप हो गया।

महाराज कृष्णचन्द्र भी गोपाल की बातें सुनकर मौन हो गए। उन्होंने इस प्रसंग को यहीं छोड़ देना उचित समझा क्योंकि उन्हें इस बात का

अहसास हो गया था कि अपने बचपन के दिनों की स्मृति और गुरु देवहरि के कथन की स्मृति से गोपाल व्यथित हो गया है।

महाराज ने अपने घोड़े की गति बढ़ा ली। गोपाल ने भी घोड़ा दौड़ाना शुरू कर दिया। थोड़ी ही देर में महल पहुँचकर महाराज ने गोपाल को अपने घर जाने को कह दिया।

दूसरे दिन से दरबार में महाराज और गोपाल अपनी-अपनी सामान्य दिनचर्या में लग गए। इस घटना की याद भी गोपाल के मन से जाती रही। तभी एक दिन महाराज ने गोपाल से कहा–"गोपाल! कार्तिक पूर्णिमा को अपने राज्य में संगीत सम्मेलन की व्यवस्था करो। गुरु देवहरि इस आयोजन में मुख्य अतिथि के रूप में पधारें, इसकी जिम्मेदारी तुम्हारी। आयोजन स्थल राजमहल के मन्दिर का प्रकोष्ठ रहेगा। तैयारियाँ एक माह पूर्व से चल रही हैं, तुम्हें कुछ संगीतज्ञों और गुरु देवहरि को आमंत्रित करने, उन्हें लाने और उनके आतिथ्य की तैयारी की जिम्मेदारी सौंपी जा रही है।"

गोपाल ने विस्मय से महाराज की ओर देखा। फिर बोला–"जैसी आज्ञा महाराज!"

नियत तिथि को संगीत का आयोजन हुआ। महाराज ने गुरु देवहरि की आवभगत की। अपने राज्य के इस वयोवृद्ध संगीतज्ञ का सम्मान किया। गुरु देवहरि की आज्ञा से समारोह में गोपाल भाँड़ ने भी वंशी बजाई। महाराज खुश हुए। गोपाल का यह रूप उनके लिए नया था।

आयोजन के समापन के बाद राज-काज फिर से सामान्य ढंग से चलने लगा कि एक दिन महाराज कृष्णचन्द्र के दरबार में मुर्शिदाबाद के नवाब का पत्र लेकर एक नौजवान पहुँचा। मुर्शिदाबाद के नवाब का पैगाम लेकर कोई नौजवान आया है, यह बात सुनते ही महाराज की त्योरियाँ चढ़ गईं। पता नहीं अब यह नकचढ़ा नवाब क्या चाहता है! कभी इसे धरती की नाप चाहिए तो कभी आसमान के तारों की गणना...!

महाराज को युवक ने पत्र सौंप दिया। पत्र में मुर्शिदाबाद के नवाब ने अविलम्ब एक वंशीवादक को भेजने की माँग की थी जो नवाब के पुत्र को बंशी बजाना सीखा सके।

पत्र पढ़ते ही महाराज सकते में आ गए कि कहाँ से मुर्शिदाबाद के नवाब के लिए वंशीवादक की व्यवस्था करें। इसी उधेड़बुन में उन्हें गोपाल भाँड़ की याद हो आई। उन्होंने गोपाल भाँड़ को अपनी समस्या बताई तो उसने उन्हें मुस्कुराते हुए कहा–"महाराज! आप चिन्ता न करें। इस बार मैं मुर्शिदाबाद के नवाब को ऐसा सबक सिखाऊँगा कि वह भविष्य में आपसे फिर कोई माँग करने का साहस नहीं करेगा।"

दूसरे दिन, उस युवक के साथ, संगीतकार के लिबास में गोपाल भाँड़ मुर्शिदाबाद के नवाब के पास पहुँचा। मुर्शिदाबाद के नवाब को यह व्यक्ति कुछ जाना-पहचाना सा लगा लेकिन उसे यह याद नहीं आया कि कभी 'षट्रंग पुराण' बाँचनेवाला पंडित ही फिर से उसके दरबार में आया है।

गोपाल भाँड़ से नवाब ने कहा–"मेरे पुत्र को वंशी बजाना सीखना है। आप उसे यह ज्ञान देने का कितना लेंगे?"

"एक सहस्र स्वर्णमुद्राएँ!" गोपाल भाँड़ ने उत्तर दिया।

"यह तो बहुत है।" नवाब ने कहा–"और वह पहले से भी कुछ संगीत जानता है, अब बताओ कितना लोगे?" नवाब ने पूछा।

"एक लाख स्वर्णमुद्राएँ।"

नवाब भड़क गया–"क्या मजाक है! एक लाख स्वर्णमुद्राएँ? आखिर क्यों?"

गोपाल ने मुस्कुराते हुए उत्तर दिया–"नवाब साहब! संगीत साधना की चीज है। यह केवल साधक को मिलती है। आपने पहले पूछा था कि आपके पुत्र को वंशी बजाना सिखाने के लिए मैं कितना पारिश्रमिक लूँगा। मैंने आपके सामर्थ्य का खयाल करके एक सहस्र स्वर्णमुद्राओं की माँग रखी क्योंकि आप एक वैभवशाली व्यक्ति की तरह दम्भ में पूछ रहे थे कि मैं कितना लूँगा! जब दूसरी बार आपने बताया कि वह पहले से भी कुछ संगीत जानता है, तब मुझे लगा कि मेरा काम और कठिन हो गया है–क्योंकि वैभवशाली होने के दम्भ के साथ संगीत की शिक्षा नहीं ली जा सकती। आपके पुत्र ने संगीत के नाम पर जो कुछ भी सीखा होगा, वह संगीत नहीं, कुछ और होगा। मुझे उसके हृदय से उस छद्म-संगीत की छाया तक को मिटाना होगा तब जाकर कहीं संगीत शिक्षा का आरम्भ हो पाएगा...और रही बात वंशी-वादन की शिक्षा की, तो यह भी बता दूँ कि वंशी की फूँक

आत्मा से उठती है–फेफड़े से नहीं। मुझे तो आपके पुत्र की आत्मा को भी जगाना और परिष्कृत करना होगा। इस कार्य के लिए एक लाख स्वर्णमुद्राएँ अधिक नहीं हैं।"

मुर्शिदाबाद का नवाब लज्जित हो गया और गोपाल भाँड़ से उसने अपने दम्भपूर्ण प्रश्न के लिए क्षमा याचना की।

गोपाल ने मुस्कुराते हुए विनम्रता के साथ नवाब से कहा–"यदि आपके पुत्र को वंशी-वादन सीखना है तो उसे योग्य गुरु के पास स्वयं जाना होगा और उनकी कृपा प्राप्त करनी होगी।"

उसने नवाब को गुरु देवहरि का पता बता दिया और नवाब ने अपने पुत्र को गोपाल के साथ कृष्णनगर भेज दिया।

गोपाल की इस सफलता पर महाराज कृष्णचन्द्र मुस्कुराए और कहा–"गोपाल! तुम्हारी बुद्धि विलक्षण है। मुझे गर्व है कि तुम्हारे जैसा रत्न मेरे दरबार में है।"

कड़वाहट से मिठास तक

मुर्शिदाबाद के नवाब ने अपने पुत्र को महाराज कृष्णचन्द्र के संरक्षण में रहकर विभिन्न सांगीतिक कला में निपुण होने के लिए कृष्णनगर भेजा था। कृष्णनगर में गुरु देवहरि का आश्रम था। गोपाल भाँड़ गुरु देवहरि का शिष्य रह चुका था और वंशी-वादन में उसे महारत हासिल थी। सच कहा जाए तो गोपाल भाँड़ की प्रेरणा से ही मुर्शिदाबाद के नवाब ने अपने पुत्र को कृष्णनगर भेजा था।

दिन बीत रहे थे। नवाब-पुत्र संगीत सीख रहा था। सीखता रहा। एक बार ईद के अवसर पर नवाब ने अपने पुत्र को मुर्शिदाबाद बुलाया। नवाब को यह जानने की उत्सुकता थी कि उसके पुत्र ने संगीत विद्या में कैसी निपुणता प्राप्त की है।

एक दिन उसने अपने पुत्र से वंशी बजाने के लिए कहा तो उसके पुत्र ने झल्लाकर उत्तर दिया—"यह भी कोई समय है वंशी-वादन का? फिर न तो यहाँ तबले पर संगत करनेवाला है और न वंशी-वादन सुनने और समझने की योग्यता रखनेवाला कोई व्यक्ति! ऐसे में आप मुझसे वंशी बजाने के लिए कहते हैं?"

नवाब को अपने पुत्र का जवाब पसन्द नहीं आया। वैसे नवाब खुद तो सनकी था लेकिन उसकी सनक उसकी निजी जिज्ञासाओं के कारण थी। उसमें अजीब किस्म की जानने की भूख थी। कभी वह आकाश के तारों की संख्या जानने के लिए परेशान हो जाता तो कभी धरती की लम्बाई-चौड़ाई जानने के लिए। उसकी सनक से प्रायः सभी दरबारी परेशान रहते थे मगर नवाब घमंडी नहीं था। उसे दूसरों का अनादर करनेवाले लोग भी पसन्द नहीं थे। नवाब ने अपने पुत्र को संगीत सीखने के लिए कृष्णनगर इसलिए भेजा था कि उसने सुना था कि संगीत मन के मैल को धो देता

है। नवाब चाहता था कि जब उसका पुत्र उसकी सल्तनत सँभाले तब लोग उसमें एक दयालु और समझदार इनसान को देखें तथा उसके न्याय की प्रशंसा करें। लेकिन इसके उलट, अपने पुत्र के अभिमानी उत्तर से नवाब बेहद दुखी हुआ और कृष्णनगर के महाराज कृष्णचन्द्र को पुनः सन्देश भेजा कि वे कुछ दिनों के लिए गोपाल भाँड़ को भेज दें।

मुर्शिदाबाद के नवाब का सन्देश मिलने पर महाराज कृष्णचन्द्र चिन्तित हुए कि पता नहीं, यह सनकी नवाब उनसे अब क्या चाहता है! उन्होंने गोपाल भाँड़ को नवाब के सन्देश के बारे में जब बताया तब बहुत सहज भाव से गोपाल भाँड़ ने महाराज से कहा–''आप इस बात की चिन्ता न करें कि मुर्शिदाबाद के नवाब ने मुझे क्यों बुलाया है। मैं इतना समझ चुका हूँ कि नवाब सनकी तो है पर बुरा आदमी नहीं है। वह अपने सम्मान के लिए लालायित रहता है। उसके पास अकूत धन है परन्तु वह नहीं जानता कि उस धन का कैसे उपयोग किया जाए कि धन-वृद्धि के साथ ही जन-कल्याण भी हो। यही कारण है कि अपनी सनक की रौ में आकर वह अनाप-शनाप खर्च करता है।'' थोड़ी देर चुप रहने के बाद महाराज से गोपाल ने फिर कहा–''महाराज! मुझे लगता है कि ईद के मौके पर नवाब ने अपने पुत्र को बुलाया है। अब मेरे लिए सन्देश भेजे जाने का मतलब है कि नवाब अपने पुत्र की संगीत शिक्षा के सम्बन्ध में ही कोई बात करना चाहता होगा। मैं कल ही मुर्शिदाबाद के लिए रवाना हो जाऊँगा और जल्दी ही वहाँ से वापस लौट आऊँगा–आप चिन्ता न करें।''

गोपाल भाँड़ की बात सुनने के बाद महाराज आश्वस्त हुए।

दूसरे दिन गोपाल मुर्शिदाबाद के लिए रवाना हो गया। मुर्शिदाबाद पहुँचकर वह सीधे नवाब के दरबार में गया। नवाब ने उसकी अच्छी खातिरदारी की। उसे अपने साथ लेकर अपने निजी कक्ष में चला गया।

नवाब के आचरण में आए इस परिवर्तन को देखकर गोपाल प्रसन्न हुआ। उसके अनुमान के अनुरूप ही नवाब ने अपने पुत्र की संगीत शिक्षा के बारे में बातें शुरू कीं।

नवाब से गोपाल ने कहा–"नवाब साहब! आपके पुत्र की संगीत शिक्षा अभी प्रारम्भ कहाँ हो पाई है कि आपको उसका अहसास हो? अभी तो उसने संगीत के नाम पर जो कुछ भी सीखा था, उसके प्रभाव को

उसके मन से खुरचकर अलग करने का काम हो रहा है। ऐसा मैंने पहले भी कहा था और अब भी कह रहा हूँ कि संगीत साधना है और साधना निर्मल हृदय से ही होती है। आपके पुत्र को निर्मल हृदय बनने में अभी समय लगेगा।"

नवाब ने गोपाल को वह प्रसंग विस्तार से सुनाया कि कैसे वंशी बजाने के आग्रह पर उसके पुत्र ने अभिमानयुक्त उत्तर दिया था।

गोपाल नवाब की बात सुनकर थोड़ी देर चुप रहा फिर कुछ विचार करने के बाद कहा–"नवाब साहब! कल सुबह मैं आपके पुत्र के साथ आपकी फुलवारी की सैर करूँगा। आप इसकी व्यवस्था करवा दें।"

नवाब ने स्वीकृति दे दी।

दूसरे दिन सुबह नवाब-पुत्र के साथ गोपाल मुर्शिदाबाद की मशहूर फुलवारी की सैर करने के लिए निकला। बगिया में पहुँचकर गोपाल मुग्ध हो जाने का अभिनय करने लगा। नवाब-पुत्र उसके साथ था। एक फूल पर गोपाल ने एक बुलबुल को बैठते देखा। बुलबुल कुछ क्षण फूल पर बैठी तथा अपनी चोंच फूल के मध्य में चुभोया फिर फुर्र से उड़कर दूसरे फूल पर जा बैठी और कुछ क्षण के बाद फिर उड़कर तीसरे फूल पर बैठ गई।

गोपाल ने नवाब के पुत्र से कहा–"देखो! यह बुलबुल फूलों से कुछ कहती है...सुनो, क्या कहती है!"

नवाब-पुत्र ने विस्मय से गोपाल की ओर देखा फिर बुलबुल की ओर देखने लगा। बुलबुल एक फूल से दूसरे फूल पर उछलती रही।

थोड़ी देर के बाद गोपाल ने नवाब-पुत्र से पूछा–"बताओ! बुलबुल ने फूलों से क्या कहा?"

नवाब-पुत्र ने कहा–"मैं नहीं जानता क्योंकि मैंने कुछ नहीं सुना। आपने सुना हो तो आप ही बता दें।" नवाब-पुत्र की आवाज में तल्खी थी।

गोपाल ने अपनी स्वाभाविक मुस्कान के साथ कहा–"हाँ, मैंने तो सुना। बुलबुल फूलों से कह रही थी कि अभिमान मत कर क्योंकि इस फुलवारी में तुम जैसे बहुत से फूल खिल चुके हैं।"

नवाब का बेटा था तो शाही अन्दाज में पला हुआ। उसने गोपाल के कटाक्ष को सुना, समझा और झेंप गया।

फुलवारी की सैर से लौटने के बाद गोपाल ने नवाब से भेंट की। नवाब

ने पुनः अपने बेटे के बारे में गोपाल से पूछा–"उसके व्यवहार की तल्खी कैसे खत्म होगी?"

गोपाल ने उत्तर दिया–"हुजूर! बस, आज शाम अतिथिशाला में आप अपने पुत्र को भेज दीजिए मेरे पास। इसके बाद मैं खुद आपको बता सकूँगा कि आपके पुत्र में क्या परिवर्तन आया है और क्या परिवर्तन आ सकेगा या हो सकता है कि मुझे कुछ बताने की आवश्यकता ही नहीं पड़े!"

नवाब ने अपने पुत्र को उसी शाम अतिथिशाला में गोपाल भाँड़ के पास भेजा।

जब वह गोपाल के पास पहुँचा तो गोपाल ने उसकी बहुत आवभगत की और उसे अपने आसन पर बैठाया। उसे एक गिलास में शीतल पेय प्रस्तुत किया।

नवाब के बेटे ने इससे पहले इतना सुस्वादु पेय कभी नहीं पिया था। पेय ग्रहण करते ही उसके मुँह से हठात् निकला–"वाह, कितना स्वादिष्ट है यह पेय! इसे पीते ही आत्मा प्रसन्न हो गई। सब कुछ कितना अच्छा लगने लगा!"

गोपाल भाँड़ ने उसकी बातें सुनीं और मुस्कुरा दिया।

थोड़ी देर बाद गोपाल भाँड़ ने नवाब-पुत्र को एक बार फिर पीने के लिए कुछ दिया। इस बार नवाब-पुत्र ने जैसे ही पेय की घूँट भड़ी वैसे ही थू-थू कर उठा। गोपाल भाँड़ ने पूछा–"अरे! थू-थू क्यों कर रहे हो?"

नवाब-पुत्र ने तत्काल जवाब दिया–"उफ! यह पेय तो बहुत तिक्त है। कषाय भी। इसे कोई कैसे पी सकेगा?"

गोपाल भाँड़ के होंठों पर मुस्कान आ गई और वह नवाब के बेटे से पूछने लगा–"अरे! इसका मतलब है कि तुम्हारी जुबान को भी पता है कि तिक्त क्या होता है, कड़वा क्या होता है!"

नवाब के पुत्र ने तुरन्त कहा–"इसमें आश्चर्य की बात क्या है? किसी भी चीज का स्वाद जबान तुरन्त बता देती है।"

"असल में तुम्हारे कड़वे वचन सुनते रहने के कारण मुझे लगने लगा था कि तुम्हारी ज़बान को कड़वापन, तीखापन आदि का अहसास नहीं होता है, वरना तुम यह तो अवश्य समझ गए होते कि कड़वे वचन सुनकर लोग उसी तरह थू-थू करते होंगे, जैसे तुम कड़वे पेय को मुँह में डालने के बाद थू-थू कर रहे हो।

गोपाल भाँड़ की बातें सुनकर नवाब का बेटा लज्जित हुआ और तत्काल अपनी बातचीत में सुधार का संकल्प लिया। उसी समय से उसके व्यवहार में विनम्रता आ गई।

इस परिवर्तन को नवाब ने भी महसूस किया और गोपाल भाँड़ को बहुत सारा उपहार देकर विदा किया।

समरसता का संचार

एक दिन महाराज कृष्णचन्द्र ने सुबह-सुबह गोपाल भाँड़ को अपने महल में बुलाया। उन्होंने गोपाल से कहा–"गोपाल, आज मुझे सरोवर में स्नान करने की इच्छा हो रही है। मैं सामान्य औपचारिकताओं से मुक्त होकर एक सामान्य व्यक्ति की तरह जल-क्रीड़ा करना चाहता हूँ। मेरी इच्छा है कि मैं तैरकर सरोवर के मध्य तक जाऊँ और वहाँ से रक्तकमल के कुछ पुष्प स्वयं तोड़ लाऊँ। ऐसा करो तुम स्वयं जाओ और देखकर आओ कि इस समय सरोवर के आसपास कितने आदमी हैं।"

गोपाल सुबह-सुबह बुलाए जाने से खीजा हुआ था। उसने महाराज की बातें सुनीं और बिना कुछ बोले सरोवर की ओर चल पड़ा। थोड़ी ही देर में वह सरोवर के पास पहुँच गया। उस समय स्नान करने के लिए अनेक आदमी सरोवर की ओर जा रहे थे।

गोपाल उन लोगों को देर तक देखता रहा फिर वहाँ से लौटकर महाराज के समक्ष उपस्थित हुआ।

महाराज कृष्णचन्द्र ने गोपाल को देखते ही पूछा–"कहो गोपाल! सब कुछ देख आए? सरोवर में स्नान के लिए मैं निकल सकता हूँ या नहीं?"

गोपाल ने धैर्यपूर्वक उत्तर दिया–"महाराज! आपने मुझे यह देखकर आने को कहा था कि सरोवर के पास कितने आदमी हैं, मैं देख आया हूँ, वहाँ सिर्फ एक आदमी है।"

गोपाल के उत्तर से महाराज प्रसन्न हुए। उन्होंने कहा–"तब ठीक है गोपाल! तुम भी चलो, थोड़ा जल-क्रीड़ा कर आएँ!"

गोपाल के साथ महाराज सरोवर की ओर चल पड़े।

सरोवर के पास पहुँचकर महाराज यह देखकर हतप्रभ रह गए कि सरोवर में सैकड़ों लोग स्नान कर रहे हैं। क्षुब्ध स्वर में महाराज ने गोपाल

से कहा–"यह क्या गोपाल! तुमने तो कहा था कि सरोवर के पास एक ही आदमी है, मगर यहाँ तो भीड़ लगी हुई है! ऐसे में जल-क्रीड़ा की मेरी इच्छा तो पूरी हो ही नहीं सकती।"

गोपाल भाँड़ ने संयत स्वर में महाराज से कहा–"महाराज! मैंने आपसे जो भी कहा था, वह शत-प्रतिशत सही था। मैं अब भी यही कह रहा हूँ कि सरोवर के पास केवल एक आदमी है। बाकी जो भीड़ आप देख रहे हैं वह संवेदनहीन और विवेकशून्य पुतलों की भीड़ है। इन्हें आदमी मानकर किसी तरह का संकोच करने की आवश्यकता नहीं। सरोवर में कल्लोल करते जिस भीड़ को देखकर आप अपनी जल-क्रीड़ा की इच्छा को तिलांजलि देना चाहते हैं, उस भीड़ में ऐसा कोई भी नहीं है जिसे खुद के सिवा कुछ और भी दिखता हो। आप निःसंकोच जल में उतरें और अपनी इच्छा की पूर्ति के लिए तैरें....रक्तकमल तोड़ें...इनमें से कोई भी न तो आपको पहचानेगा और न ही देखेगा कि आप क्या कर रहे हैं।"

उसकी बात सुनकर महाराज की भृकुटियाँ तन गईं। उन्होंने आवेश-युक्त स्वर में पूछा–"ऐसा क्यों कहते हो गोपाल! क्या ये लोग अन्धे हैं?"

"नहीं महाराज! विवेकशून्य और संवेदनहीन! बिना संवेदना और विवेक के आँखों का कोई अर्थ नहीं होता महाराज! आप वस्त्र उतारकर मुझे दें और निश्चिन्त होकर जल में उतरें।"

महाराज कृष्णचन्द्र ने कुपित स्वर में कहा–"यदि मुझे किसी ने भी पहचान लिया तो तुम्हारी खैर नहीं। गोपाल, याद रखना!"

गोपाल मुस्कुराया और बोला–"महाराज! आप अपने वस्त्र उतारकर यहीं मुझे दे दें। मैं घोड़े के साथ आपका इसी बरगद के वृक्ष के नीचे प्रतीक्षा करूँगा। आप जल-क्रीड़ा करके लौटें। यदि आपको मार्ग में किसी ने भी टोका तो आप जो चाहें, मुझे सजा दे दें, मैं स्वीकार कर लूँगा।"

गोपाल की बात सुनकर महाराज कृष्णचन्द्र ने अपनी पगड़ी उतारी, कुर्ता उतारा और धोती-बनियान पहने सरोवर के पास पहुँच गए। महाराज को सचमुच रास्ते में किसी ने नहीं टोका। महाराज पानी में उतरे और तैरते हुए सरोवर के मध्य तक गए। चार-पाँच रक्तकमल तोड़े और फिर तैरते हुए किनारे आ गए। किसी ने उन पर ध्यान नहीं दिया। पानी से निकलकर महाराज भीगे बदन ही बरगद के वृक्ष के पास आए और वस्त्र बदलते हुए

गोपाल भाँड़ से कहने लगे–''गोपाल! तुमने ठीक कहा था। मुझे न तो किसी ने पहचाना और न ही किसी ने टोका।''

अभी गोपाल कुछ कहता कि एक व्यक्ति वहाँ आया और विनम्रतापूर्वक महाराज को नमस्कार किया। महाराज चौंके और गोपाल से कहने लगे–''लेकिन गोपाल, देखो, यह व्यक्ति मुझे पहचानता है...अब बताओ, तुम सजा के भागी हो या नहीं?''

"नहीं, महाराज, कतई नहीं।" गोपाल ने तत्काल उत्तर दिया। उसने पुनः कहा–''महाराज! मुझे गलत साबित करने के चक्कर में आप यह भूल गए कि मैंने आपसे सुबह यह भी कहा था कि सरोवर के पास केवल एक आदमी है। यह आदमी वही है महाराज जो अपने राजा को सामान्य नागरिक के वेश में भी पहचान गया और उसे अपना अभिवादन देने पहुँच गया...और महाराज! आप अपनी जीत के जोश में यह भी भूल गए कि इस व्यक्ति की विनम्रता का, इसके अभिवादन का आपको उत्तर देना चाहिए!''

महाराज को अपनी भूल का अहसास हुआ और उन्होंने आगे बढ़कर उस व्यक्ति को गले लगा लिया।

थोड़ी देर के बाद महाराज गोपाल के साथ ही महल लौटने के लिए उद्यत हुए। रास्ते में उन्होंने गोपाल से पूछा–''गोपाल! तुमने यह कैसे जाना कि इतने सारे लोगों में कोई भी मुझे नहीं पहचानेगा तथा इतने सारे लोगों के होते हुए भी तुमने यह क्यों कहा कि सरोवर के पास एक ही आदमी है?''

गोपाल ने शान्त भाव से कहा–''महाराज! जब मैं सुबह आपके पास आया तब अशान्त था। मेरा चित्त खिन्न था। रात को सही ढंग से सो नहीं पाया था इसलिए तन्द्रिल और बोझिल सा था। ऐसे में आपने मुझे सरोवर की ओर भेजा। मैं सरोवर के पास उसी बरगद के नीचे थोड़ी देर बैठकर विश्राम करने लगा ताकि चैतन्य हो लूँ। मैंने देखा, सरोवर की राह में एक बड़ा-सा पत्थर पड़ा हुआ है। कई लोगों को उस पत्थर से चोट लगी। मैं पत्थर के करीब गया कि उसे वहाँ से हटा दूँ किन्तु मैं वैसा नहीं कर पाया क्योंकि पत्थर का कुछ भाग मिट्टी में गड़ा हुआ था। मैं थककर पुनः बरगद के नीचे आकर बैठ गया। कई लोग पुनः इस पत्थर की ठोकर से आहत

हुए लेकिन सब अपनी चोट सहलाते आगे बढ़ गए। किसी को भी यह चिन्ता नहीं हुई कि उस पत्थर को वहाँ से हटाने का उद्योग करे। किसी को भी इस बात की परवाह नहीं थी कि उस पत्थर से, उसी की तरह किसी दूसरे को भी चोट लग सकती है। लेकिन एक आदमी उधर से गुजरते समय पत्थर के पास रुका और उसे हटाने का उद्योग करने लगा। काफी परिश्रम के बाद उसने पत्थर को वहाँ से उखाड़कर सड़क से दूर ले जाकर रखा और थककर सरोवर के किनारे विश्राम करने लगा। उसे न तो अपने इस उद्योग के लिए किसी से प्रशंसा की अपेक्षा थी और न किसी से अपने श्रम का मूल्य पाने की लालसा। उसके चेहरे पर कर्तव्य-पालन की तृप्ति की आभा व्याप्त थी। महाराज! मैंने इसी व्यक्ति के बारे में कहा था कि सरोवर के पास केवल एक आदमी है। सचमुच महाराज! आदमी वही होता है जो अपने अलावा औरों के बारे में भी सोचे। मेरी दृष्टि में सरोवर में स्नान करने गए तमाम लोग आत्मकेन्द्रित थे। उन्हें अपने सिवा और किसी की परवाह नहीं थी।''

महल निकट आ चुका था। महाराज कृष्णचन्द्र ने पूछा–''ऐसा क्यों है गोपाल? ये लोग कृष्णनगर के नागरिक हैं...तुम्हारी राय में ये सभी आत्मकेन्द्रित हैं, अपने लाभ की सोचनेवाले यानी स्वार्थी? ऐसा क्यों?''

गोपाल ने उत्तर दिया–''महाराज! आप भी तो अपने इस सेवक को नीचा दिखाने के लिए एक अजनबी के विनम्र प्रणाम पर ध्यान नहीं दिया, आखिर क्यों?...'यथा राजा तथा प्रजा'! महाराज! आप स्वयं कभी अपनी प्रजा का हाल-चाल जानने का उद्यम नहीं करते। कभी कोई आयोजन नहीं करते जिसमें प्रजा की भागीदारी हो। ऐसी प्रजा का ऐसा ही एकांगी विकास होता है...इसलिए यदि ऐसा है तो किम् आश्चर्यम्?''

महाराज को गोपाल की बात समझ में आ गई। इसके बाद महाराज कृष्णचन्द्र ने महीने में एक बार खुला दरबार लगाना शुरू कर दिया जिसमें अपनी समस्याओं से महाराज को अवगत कराने की सुविधा प्रजा को मिल गई। महाराज स्वयं भी प्रजा का हाल-चाल जानने के लिए प्रायः रात्रि भ्रमण पर निकलने लगे। इस सबका नतीजा हुआ कि देखते-देखते कुछ दिनों में ही कृष्णनगर में सामाजिक समरसता का संचार होने लगा। राज्य में आए इस सुखद परिवर्तन से महाराज भी खुश थे।

एक दिन गोपाल को साथ लेकर महाराज नगर भ्रमण के लिए निकले तो रास्ते में जगह-जगह पर अभिवादन कर रहे नागरिकों को देखकर महाराज ने गोपाल से कहा–"गोपाल! प्रजा में सुख का संचार हो उठा है। लोग सन्तुष्ट हैं...और इसका श्रेय तुम्हें जाता है। तुमने मेरी दृष्टि नहीं खोली होती तो शायद मेरे राज्य में समरसता का यह संचार नहीं हुआ होता।"

कंजूस की दावत

" 'सादा भोजन उच्च विचार!'—यही आदर्श रहा है मेरे जीवन का।"

गोपाल भाँड़ से उसका एक रिश्तेदार सुखन कह रहा था। गोपाल भाँड़ उसके घर दावत पर आया था।

दरअसल हुआ यह था कि गोपाल भाँड़ ने एक त्योहार के अवसर पर अपने इस रिश्तेदार को अपने घर आमंत्रित किया था। सुखन के बारे में यह किस्सा मशहूर था कि वह बहुत कंजूस और काइयाँ किस्म का आदमी है। एक दिन दरबार से लौटते समय गोपाल भाँड़ से सुखन की मुलाकात सरेराह हो गई। गोपाल के बारे में सुखन को यह जानकारी थी कि अब वह महाराज कृष्णचन्द्र के दरबार में विदूषक बन गया है। मगर जब से गोपाल महाराज की सेवा में आया तब से उसकी मुलाकात सुखन से नहीं हुई थी।

सुखन ने गोपाल को देखते ही टोक दिया—"क्यों गोपाल भाई! महाराज के खास दरबारी बनने के बाद हम लोगों को भूल ही गए? तुम्हें तो भोज-भात कराना चाहिए था...भोज-भात क्या कराओगे...चेहरा तक दिखलाने से कतराने लगे!"

गोपाल को सुखन की बात चुभ गई। वह सुखन की आदतों से परिचित था। जानता था कि सुखन न केवल कंजूस है बल्कि काइयाँ भी है। इधर की बात उधर करना उसका स्वभाव है। इस कारण गोपाल उससे दूर-दूर ही रहता था। गोपाल का मानना था कि ऐसे लोगों से सलामात दूर की अच्छी। न इनकी दोस्ती अच्छी, न इनकी दुश्मनी अच्छी।

थोड़ी देर तक गोपाल ने सुखन से बातचीत की। औपचारिकतावश उससे हाल-चाल पूछा और विदा लेकर घर आ गया। देर तक उसके दिमाग में सुखन का कटाक्ष गूँजता रहा। बहुत सोच-विचार के बाद गोपाल ने यह निर्णय लिया कि सुखन को किसी दिन घर बुलाकर भोजन करा देना ही ठीक

रहेगा। यह बड़बोला आदमी उसके बारे में लोगों से इस बात को ही लेकर अनाप-शनाप बोल सकता है कि उसके कहने पर भी गोपाल ने उसे भोज-भात नहीं दिया।

इस घटना के कुछ दिन बाद ही गोपाल ने एक त्योहार के अवसर पर एक अनुष्ठान किया जिसमें सुखन को भोजन पर आने का निमंत्रण दे आया।

सुखन के आने पर गोपाल ने उसकी खूब आवभगत की। तरह-तरह के पकवान खिलाए।

खा-पीकर सुखन अपने घर आया तो उसकी पत्नी ने उससे जिज्ञासा की कि गोपाल ने उसके साथ कैसा व्यवहार किया। क्या खिलाया, क्या पिलाया, आदि बातें पूछने लगी।

सुखन तो गोपाल के घर से पूरी तरह तृप्त होकर लौटा था इसलिए उसने गोपाल की मुक्त कंठ से सराहना की। उसकी पत्नी मुग्ध होकर बातें सुनती रही। सुखन से ही उसे मालूम हुआ था कि गोपाल उनका रिश्तेदार है। महाराज कृष्णचन्द्र के दरबार में होने के कारण गोपाल भाँड़ की कुशाग्र बुद्धि की चर्चा भी दूर-दूर तक फैली थी। पति से उसके बारे में जो बातें उसने सुनीं, उससे उसके मन में गोपाल भाँड़ से मिलने की इच्छा बलवती हो गई। उसने सुखन से कहा–"आप गोपाल के घर भोजन कर आए, अब आप उन्हें किसी दिन अपने घर भी भोजन के लिए आमंत्रित कीजिए। इससे गोपाल से हमारे रिश्ते और मजबूत बनेंगे। वह महाराज कृष्णचन्द्र के खास दरबारी हैं। क्या पता, किसी दिन हमारे काम आ जाएँ!"

गोपाल को भोजन पर बुलाने का प्रस्ताव सुखन को पसन्द नहीं आया। कंजूस सुखन ने पत्नी को यह कहते हुए टाल दिया–"अच्छा, देखेंगे। अभी तो आराम करने दो।"

सुखन की पत्नी उस समय चुप्पी लगा गई मगर गोपाल को देखने और उसकी बातें सुनने के लिए उसका मन बेताब होता रहा। उसके मन में यह जानने की उत्सुकता थी कि विदूषक आखिर होता कैसा है। कैसे बोलता है कि उसके द्वारा कही गई कड़वी से कड़वी बातों का कोई बुरा नहीं मानता? यहाँ तक कि राजा भी उसे सम्मानपूर्वक अपने साथ रखता है और पास में बैठाता है।

जब भी सुखन की पत्नी को मौका मिलता, वह उसे टोक देती—''क्यों जी, कब बुलाएँगे गोपाल को? जब भी बुलाएँ, मुझे दो-चार दिन पहले जरूर बता दीजिएगा ताकि मैं उनके लिए भोजन बनाने का विशेष प्रबन्ध कर सकूँ।''

एक दिन आजिज होकर सुखन ने कहा—''अगले रविवार को मैं गोपाल को अपने घर भोजन के लिए आमंत्रित करूँगा लेकिन शर्त यह है कि भोजन की तैयारी तुम नहीं, मैं करूँगा। यदि मेरी शर्त मंजूर है तो समझो, बात पक्की!''

सुखन की पत्नी जानती थी कि उसका पति कंजूस है और काइयाँ भी इसलिए बिना कुछ बोले उसने हामी भरते हुए अपना सिर हिलाया। सुखन ने पत्नी से गोपाल को भोजन पर आमंत्रित करने की बात तो कह दी, अब वह यह सोचकर बेचैन होने लगा कि ऐसी कौन सी तरकीब अपनाए कि कम-से-कम खर्च में काम चल जाए और गोपाल को भी लगे कि उसकी अच्छी खातिरदारी की गई है।

सोचते-सोचते उसे याद आया कि कुछ दिन पहले एक प्राकृतिक चिकित्सक ने उसे कच्चे अनाज, फल और सब्जियों को भोजन का मुख्य अंग बनाने की सलाह दी थी और 'सादा जीवन उच्च विचार' के दर्शन पर एक लम्बा सा भाषण पिलाया था। इस स्मृति से सुखन की बेचैनी दूर हो गई और वह चैन की नींद सोया।

आखिर रविवार भी आया। गोपाल उस दिन सुखन के घर पर मेहमान बनकर आया। सुखन की पत्नी ने उसकी खूब आवभगत की। गोपाल ने भी बात-बात में चुटकुले सुनाकर उसे खूब हँसाया। अन्ततः भोजन का भी समय आया। स्वयं सुखन भोजन लगाने लगा। अंकुरित मूँग, अंकुरित चना, कटा हुआ खीरा, तराशी गई बन्दगोभी, कटे हुए चुकन्दर और इसी तरह की ढेरों चीजें।

गोपाल भाँड़ कभी परोसे गए भोजन को देखता और कभी परोसनेवाले सुखन को।

सुखन ने अपने लिए भी भोजन निकाला और बैठ गया गोपाल के पास। बोला—"आओ भाई! भोजन शुरू करो!"

गोपाल किसी तरह थोड़ा अंकुरित अनाज और एकाध टुकड़ा खीरा खा पाया और भोजन से उठ गया।

सुखन को वह चाव के साथ भोजन करते देखता रहा। जब सुखन भोजन कर चुका तब गोपाल ने उससे कहा–''अच्छा सुखन, अब चलूँगा। अच्छा लगा तुम्हारे पास आकर।''

सुखन उसे छोड़ने के लिए थोड़ी दूर तक साथ चलते हुए कहने लगा–"गोपाल! तुम्हें सम्भवतः हमारे यहाँ का भोजन पसन्द नहीं आया। लेकिन सच मानो तो इससे बेहतर कोई आहार नहीं है–शुद्ध और पौष्टिक! अपना तो नियम है–'सादा जीवन उच्च विचार।' मेरी समझ से अन्न का मन से सम्बन्ध है और मन का जीवन से। सादा भोजन रहेगा तब ही सादा मन हो सकता है और सादा मन होगा तब ही सादगीपूर्ण जीवन।"

गोपाल ने अपने इस काइयाँ रिश्तेदार को भरपूर दृष्टि से देखा और कहा–''और यह ऐसा तरीका है जो बिना एक पैसा खर्च किए आमंत्रित अतिथि का सत्कार भी कर दे–है न?

गोपाल के इस व्यंग्य से सुखन झेंप कर रह गया।

सुगन्ध का सम्मान

कृष्णनगर में इन दिनों सिर्फ एक ही चर्चा थी—महाराज कृष्णचन्द्र को एक ऐसे व्यक्ति की आवश्यकता है जो हर वक्त उनके साथ रहे और उनके काम-काज में हाथ बँटाए। लोग इस बात को लेकर नाक-भौं भी सिकोड़ रहे थे कि महाराज ने अपने लिए सहयोगी चयन करने की जिम्मेदारी गोपाल भाँड़ को सौंप दी है।

गोपाल कृष्णनगर के दरबार का भाँड़ था और अपने वाक्-चातुर्य से महाराज कृष्णचन्द्र का चहेता बन गया था। राजदरबार में गम्भीर से गम्भीर समस्या पर महाराज उसकी सलाह लेते, यहाँ तक कि राज्य के गोपनीय मसलों पर भी उसका परामर्श लिया जाता। कुछ ऐसे मसले भी थे जिन पर महाराज अपने महामंत्री से भी सलाह नहीं लेते, सीधे गोपाल भाँड़ की सलाह लेकर उस पर अमल शुरू कर देते। राजदरबार में लगातार बढ़ रहे महत्त्व से कुछ दरबारी गोपाल भाँड़ से जलते भी थे। स्वयं महामंत्री उससे कुढ़ते थे लेकिन महाराज के आगे किसी की कुछ चलती न थी।

सच्ची बात तो यह थी कि महाराज कृष्णचन्द्र के लिए 'सहयोगी' की जरूरत भी गोपाल भाँड़ के दिमाग की ही उपज थी।

एक दिन वह यूँ ही महाराज से मिलने चला गया था। महाराज ने कुछ दिनों के लिए दरबार स्थगित कर रखा था। गोपाल भाँड़ महाराज का मुँहलगा था इसलिए राजदरबार हो या महल, बिना किसी रोक-टोक के वह उनसे मिलने जा सकता था। यह छूट महामंत्री तक को नसीब नहीं थी।

जब गोपाल भाँड़ महाराज के पास पहुँचा तो उसे यह देखकर अचरज हुआ कि महाराज कुछ उदास से दिख रहे हैं। उसे देखकर महाराज के होंठों पर एक हलकी-सी स्मित आई। उन्होंने गोपाल भाँड़ से कहा—"आओ गोपाल! अच्छा लगा तुम्हें देखकर...बैठो।"

गोपाल भाँड़ महाराज के आसन के पास रखे एक आसन पर बैठ गया।

महाराज थोड़ी देर तक चुप रहे। गोपाल भाँड़ के लिए महाराज का चुप रहना अस्वाभाविक था। महाराज प्रायः गोपाल भाँड़ से दिल खोलकर बातें किया करते थे। कई बार मस्ती में आकर उससे ऐसी बातें भी कर लेते थे जो केवल अन्तरंग मित्रों से ही की जाती हैं। मगर उस दिन महाराज चुप थे। ऐसा लग रहा था, जैसे गोपाल भाँड़ की मौजूदगी का अहसास भी उन्हें न हो!

गोपाल खुद को असमंजस की स्थिति में पा रहा था। उसे यह समझ में नहीं आ रहा था कि वह करे भी तो क्या करे! महाराज चुप थे। वह कुछ बोले या नहीं? कहीं उसका बोलना महाराज को नहीं भाया तो?

लेकिन ऊहापोह और असमंजस की यह स्थिति अधिक देर तक नहीं रही। महाराज ने खुद अपनी चुप्पी तोड़ी। उन्होंने गोपाल भाँड़ से कहा– ''क्या बात है गोपाल, इतने चुपचाप क्यों हो?''

"क्या बोलूँ महाराज! आपकी खामोशी ने ही मुझे चुप रहने के लिए विवश किया है। मैं इस डर से कुछ भी बोलने का साहस नहीं कर पाया कि कहीं आपको मेरा बोलना बुरा न लगे। एक तो मैं बिना अनुमति के आपके पास आ गया हूँ आपके एकान्त में खलल डालने, ऊपर से बिना प्रयोजन बोलूँ तो...''

"अरे गोपाल! तुम कब से इतने औपचारिक हो गए? तुम्हें तो कभी किसी प्रतिबन्ध की बात सोचनी ही नहीं चाहिए। मेरे दरबार में तुम्हें तुम्हारी मेधा के कारण हर तरह की छूट मिली हुई है। बातें करना तो तुम्हारे काम का हिस्सा है। फिर तुम्हारे साथ मेरा सम्बन्ध अन्य दरबारियों से भिन्न भी तो है। तुमसे तो कोई लुकाव-छिपाव भी नहीं है!''

''यह तो ठीक है महाराज! मगर फिर भी मुझे लगता है कि कुछ बात ऐसी जरूर है जिसे आप मुझसे छिपा रहे हैं।'' गोपाल भाँड़ ने महाराज से शिकायती लहजे में कहा।

''भला ऐसी क्या बात हो सकती है जो मुझे किसी से छुपाने की जरूरत हो? तुम्हें इस तरह नहीं सोचना चाहिए गोपाल!'' महाराज ने गोपाल से कहा और उसके बाद गोपाल को देखते हुए आत्मीयता से मुस्कुरा पड़े।

''क्यों न सोचूँ महाराज? आपने दरबार स्थगित कर रखा है। लोगों से मिलना-जुलना बन्द कर दिया है। बस, दिन भर महल में अपने कक्ष में ही

रहते हैं। प्रजा की हालत कैसी है, इसकी चिन्ता भी आपको नहीं है। राज्य के कर्मचारी क्या कर रहे हैं, इसकी परवाह आपको नहीं रही। ऐसे में मुझे क्या सोचना चाहिए महाराज? आपकी इस उदासीनता का कारण भी तो मुझे नहीं मालूम! फिर भी आप कहते हैं कि मुझसे किसी बात का लुकाव-छिपाव नहीं है, तो मैं क्या कहूँ?" गोपाल भाँड़ ने उलाहना देने के अन्दाज में कहा।

महाराज गोपाल भाँड़ की बातें सुनकर गम्भीर हो गए। फिर बोले—"गोपाल! तुम्हारे तर्क ठीक हैं मगर लुकाव-छिपाव की कोई बात नहीं है। बस, मेरा मन थोड़ा ऊब-सा गया है। रोज-रोज की एक जैसी दिनचर्या, रोज दरबार में एक जैसी बातें, सोते-जागते एक जैसी चिन्ताएँ—आखिर मन आनन्द की अनुभूति करे तो कहाँ से? मनोरंजन के लिए होनेवाले कार्यक्रमों में भी अब कोई रुचि नहीं जगती। अर्थलोलुप कलाकारों के कार्यक्रमों में कला की आराधना कम, चाटुकारिता का प्रदर्शन अधिक झलकता है। इन स्थितियों के कारण भी मेरी ऊब बढ़ गई है। एक तीर्थस्थान पर मन की शान्ति के लिए गया। वहाँ एक मन्दिर में प्रभु-दर्शन के इच्छुकों की कतार में खड़ा हुआ। पता नहीं कैसे मन्दिर के प्रबन्धकों को मेरे बारे में यह जानकारी मिल गई कि मैं कृष्णनगर का राजा हूँ, वहाँ आनन-फानन में व्यवस्था बदल गई और मुझे विशेष सुविधाओं के बीच पूजा-अर्चना की सुविधा दी गई। मन्दिर-प्रबन्धन की इस व्यवस्था से मुझे प्रसन्नता नहीं हुई। मन थोड़ा खिन्न ही हुआ। लगा, देव-दर्शन की व्यवस्था में ऐसा भेदभाव ठीक नहीं!...सच कहूँ गोपाल, तब से ही मुझे राज-काज से अरुचि-सी हो गई है।" महाराज ने लम्बी साँस खींचते हुए कहा।

गोपाल भाँड़ ने महाराज की मनःस्थिति भाँपते हुए कहा—"महाराज! आप अपनी प्रजा के प्रति संवेदनशील हैं इसलिए आपको मन्दिर-प्रबन्धन का व्यवहार दोषपूर्ण या पक्षपातपूर्ण लगा। मुझे तो लगता है कि मन्दिर-प्रबन्धन का यह व्यवहार दोषरहित और विवेकपूर्ण है। मन्दिर-प्रबन्धन को जब पता चला कि कृष्णनगर के राजा मन्दिर में देव-दर्शन के लिए आए हैं तब आपके लिए वहाँ जो व्यवस्था की गई, उसका तात्पर्य यह था कि एक राजा के पास राज-काज चलाने के लिए ढेरों उलझनें रहती हैं। मन्दिर में यदि देव-दर्शन में विलम्ब होगा तो निश्चित रूप से राजा को राज-काज

के संचालन के लिए वक्त कम मिलेगा। ऐसे में मन्दिर-प्रबन्धन ने देव-दर्शन के लिए विशेष सुविधाएँ मुहैया कराकर अपने विवेकी होने का ही परिचय दिया। हाँ, यदि इस सुविधा के एवज में उसने कुछ लाभ की कामना की होती तो कुछ पृथक् सोचा जा सकता था। लगता है, महाराज! लगातार राज-कार्य की उलझनों ने आपके सकारात्मक सोच की क्षमता को प्रभावित किया है अन्यथा आप इस तरह नहीं सोच रहे होते।"

महाराज कृष्णचन्द्र गोपाल भाँड़ की बातें सुनकर चुप रह गए। बात उन्हें ठीक लगी।

गोपाल भाँड़ काफी देर तक महाराज के पास बैठा रहा। इधर-उधर की बातें करता रहा। वह इस प्रयास में था कि महाराज के मन की गुत्थी खुले और वह समझ पाए कि वे इन दिनों इतने अनमने से क्यों हैं? अन्ततः गोपाल भाँड़ इस नतीजे पर पहुँचा कि महाराज समरसता से ऊब चुके हैं तथा महाराज को भी अपनी स्थिति का अहसास है। वे समझते हैं कि उन्हें अपने शासन-कार्यों में रुचि लेनी चाहिए और अपनी सामान्य दिनचर्या में लगना चाहिए मगर फिर भी, अपनी मनःस्थिति के कारण, वे दरबार स्थगित रखने के लिए विवश हो चुके हैं।

उस दिन गोपाल भाँड़ महाराज से आज्ञा लेकर अपने घर वापस लौट आया और सोचने लगा कि महाराज के एकाकीपन से मुक्ति के लिए क्या उपाय किया जाए। और इस निष्कर्ष पर पहुँचा कि महाराज के लिए एक चतुर, हाजिरजवाब सहयोगी हो तो महाराज का मन लगा रहेगा।

दो-तीन दिनों के बाद गोपाल भाँड़ फिर महाराज से मिलने गया।

महाराज उसे देखकर प्रसन्न हुए।

उसने महाराज को प्रसन्नचित्त देखकर सलाह दी–"महाराज! क्या ऐसा नहीं हो सकता कि एक योग्य व्यक्ति की नियुक्ति सिर्फ इसलिए की जाए कि वह आपके साथ ऐसे समय में रहा करे जिस समय आप शासन आदि के कार्य में नहीं रहते हों? वह व्यक्ति आपकी रुचि का ध्यान रखते हुए आपके मन बहलाव का काम करे?"

उसकी बात सुनकर महाराज हँस पड़े। उन्होंने पूछा–"क्या बात है गोपाल! क्या तुम मुझे बच्चा समझते हो कि मेरी देखभाल के लिए किसी खास व्यक्ति की नियुक्ति की जरूरत तुम्हें महसूस हो रही है?"

महाराज की हँसी और इस सवाल से गोपाल भाँड़ निराश नहीं हुआ बल्कि और अधिक उत्साह से कहने लगा—"हाँ, महाराज! एक व्यक्ति ऐसा चाहिए जिसमें समय की समझ हो और त्वरित निर्णय लेने की बुद्धि भी हो, जो सखा भाव में रहनेवाला ऐसा अनुचर हो जिसमें प्रजा के दुख-दर्द की समझ हो और अपने सामान्य ज्ञान से वह आपकी उलझनों को सुलझाने की क्षमता भी रखता हो। आपके पास राज-काज चलाने के लिए हर तरह के योग्य एवं निपुण कर्मचारी हैं मगर कोई ऐसा व्यक्ति नहीं है जो दरबार के बाद सहचर की तरह साथ दे। इसीलिए खाली समय में अनेक परस्पर विरोधी बातें आपके दिमाग में उमड़ती-घुमड़ती रहती हैं जिनसे आपका मन खिन्न हो उठता है।"

गोपाल भाँड़ की बातों से महाराज प्रभावित हुए। उन्होंने पूछा—"ठीक है, गोपाल! पर यह बताओ कि ऐसा आदमी कहाँ मिलेगा जो अनुचर नहीं, सहचर की तरह मेरे साथ रहे?"

गोपाल भाँड़ ने कहा—"अपने राज्य में मेधा की कमी नहीं है। यदि आप आदेश दें तो ऐसे व्यक्ति की खोज की जा सकती है।"

महाराज कृष्णचन्द्र उस दिन उसकी बातों में अधिक रस ले रहे थे। उन्होंने तरंग में आते हुए कहा—"तो, ठीक है गोपाल! तुम ही मेरे लिए योग्य सहयोगी की तलाश करो। मैं तुम्हें ऐसे व्यक्ति की नियुक्ति का अधिकार देता हूँ।"

कृष्णनगर के प्रत्येक गाँव और कस्बे में गोपाल भाँड़ ने मुनादी करवा दी कि महाराज के लिए एक योग्य सहयोगी की आवश्यकता है। इस कार्य के लिए ऐसे व्यक्ति की आवश्यकता है जिसका सामान्य ज्ञान ऊँचे दर्जे का हो। अपने को इस पद के योग्य समझनेवाला कोई भी व्यक्ति माघ-पूर्णिमा के दिन कृष्णनगर दरबार के विदूषक गोपाल भाँड़ के समक्ष उपस्थित होकर साक्षात्कार दे। साक्षात्कार में सफल होते ही महाराज के सहयोगी की बहाली तत्काल प्रभाव से हो जाएगी।

इस विलक्षण घोषणा की चर्चा पूरे कृष्णनगर में होती रही। माघ-पूर्णिमा के दिन गोपाल भाँड़ के घर के दरवाजे पर, खुद को चतुर-सुजान

समझनेवालों की भीड़ लग गई। वह अपने ढंग से उनसे बारी-बारी से मिला और एक-दो सवाल करके उन्हें वापस भेज दिया।

बहुत ही अटपटे सवाल कर रहा था गोपाल भाँड़ जिससे साक्षात्कार देने आया व्यक्ति भन्ना जाता था, जैसे—चारपाई में चार पाए ही क्यों होते हैं? सूरज पश्चिम में निकले तो क्या होगा? नदी की मछली समन्दर में तैरते वक्त क्या सोचेगी? आदि।

कोई भी व्यक्ति जब साक्षात्कार देने कक्ष में आता तो गोपाल भाँड़ उसके संयत होने से पहले ऐसा प्रश्न दाग देता कि आने वाला व्यक्ति घबड़ा जाता और फिर गोपाल भाँड़ कोई सवाल पूछकर उसे चलता कर देता। आनन-फानन में अधिकांश प्रत्याशियों को गोपाल भाँड़ ने निपटा दिया।

दोपहर बाद एक युवक ने कक्ष में प्रवेश किया। युवक देखने में आकर्षक था। सामान्य वस्त्र में भी उसका व्यक्तित्व प्रभावशाली लग रहा था।

कक्ष में प्रवेश के साथ ही उस युवक ने देखा कि गोपाल भाँड़ के आसन के पास एक आसन है जिस पर एक बर्तन रखा हुआ है। उस बर्तन में एक बैगन रखा हुआ है। गोपाल भाँड़ के आसन के सामने एक मेज भी है जो खाली है।

गोपाल भाँड़ अभी उस युवक को देख-परख ही रहा था कि उस युवक ने बहुत विनम्रता से कहा—"श्रीमान! अनुमति दें कि इस थाल को मैं उचित स्थान पर रख दूँ?"

गोपाल भाँड़ ने थाल और बैगन को देखा और मुस्कुराया। उस युवक ने थाल को उठाकर मेज पर रख दिया। फिर बोला—"क्या श्रीमान, मुझे आसन ग्रहण करने की अनुमति प्रदान करेंगे?"

गोपाल भाँड़ ने युवक को बैठने का संकेत किया। फिर पूछा—"क्या समझे?"

युवक ने कहा—"अपने लिए स्वयं स्थान बनाना पड़ता है।"

युवक की बात सुनकर गोपाल भाँड़ मन-ही-मन बहुत प्रसन्न हुआ। अब तक उसके पास जो भी व्यक्ति आया था उनमें से किसी में भी ऐसी व्यवहारकुशलता और वाक्पटुता नहीं थी जो उसे इस युवक में दिखाई पड़ी।

"तुम अपने को बहुत योग्य समझते हो?" गोपाल भाँड़ ने युवक की ओर देखते हुए व्यंग्यात्मक लहजे में पूछा।

युवक ने मुस्कुराते हुए कहा–"कदापि नहीं। समझने का तो अर्थ होगा कि समझदार होने में कोई संशय है। संशय से तो बुद्धि द्वन्द्वात्मक हो जाती है। व्यक्ति संशयमुक्त होकर ही निर्णय ले पाता है। मेरी समझ से दो ही स्थितियाँ होती हैं–एक सकारात्मक और दूसरी नकारात्मक। स्पष्ट दृष्टि रखनेवाला या तो सकारात्मक होगा या नकारात्मक। उसकी दृष्टि संशय-मुक्त होगी। आपको क्या लगता है?" उस युवक के चेहरे पर आत्मविश्वास की चमक थी।

गोपाल भाँड़ ने उत्तर दिया–"मुझे तो लगता है कि तुम समझदार हो।"

"मुझे भी लगता है कि आप प्रखर बुद्धि के हैं और जो आपको लगता है, वह ठीक ही होगा।" युवक ने मुस्कुराते हुए कहा।

गोपाल भाँड़ उस युवक की युक्तिसंगत बात की मन-ही-मन प्रशंसा कर रहा था। फिर पूछा–"तुम्हें क्यों लगता है कि तुम महाराज के सहायक पद के लायक हो?"

"मनुष्य होने के नाते मेरा जीवन प्रारम्भ से ही दूसरों की सहायता से अनुदेशित और संचालित हुआ है। बचपन में माँ की सहायता से बोलना और चलना आया। पिता की सहायता से सामाजिक साहचर्य सीखा। अब मैं माता-पिता-समाज सबकी जरूरत समझते हुए यथायोग्य सहयोग कर रहा हूँ। महाराज भी मेरे पिता की उम्र के होंगे। उनकी निजी जरूरतें भी मेरे पिता की जरूरतों जैसी होंगी। परिवेश और स्तर में अन्तर के कारण जरूरतों में थोड़ा अन्तर भी हो सकता है जिसे साथ रहकर सीखा जा सकता है, समझा जा सकता है। मुझे विश्वास है कि राज-काज से पृथक् महाराज की मानवीय आवश्यकताएँ मेरे पिता के जैसी ही होंगी। मुझे सम्मानजनक काम चाहिए और महाराज के सहायक का पद निश्चित रूप से मेरे जैसे युवक के लिए बहुत सम्मानजनक है। मुझे विश्वास है कि मैं यह काम पूरे मनोयोग से कर सकूँगा। इसलिए मुझे लगता है कि मैं इस पद के लिए सर्वथा योग्य हूँ।" युवक ने उत्तर दिया।

गोपाल भाँड़ युवक के उत्तर से सन्तुष्ट हुआ और मन-ही-मन तय कर लिया कि इस युवक को महाराज का सहचर बनाएँगे। मगर प्रकट रूप से अनिच्छा जताते हुए कहा–"विडम्बना यह है कि जमाना डाली के बैगन जैसा व्यवहार करता है।" उन्होंने युवक को बैगन दिखाते हुए कहा।

"जी हाँ, श्रीमान! आप ठीक कह रहे हैं। लेकिन बैगन डाली में हो या थाल में, बैगन तो बैगन है। बैगन बादशाह!" युवक इतना कहकर मुस्कुराने लगा।

"बादशाह?" गोपाल भाँड़ ने युवक पर अपनी प्रश्नसूचक दृष्टि डाली।

"जी हाँ, श्रीमान, बादशाह! सब्जियों का राजा! प्रकृति ने ही इसके सिर पर ताज पहना रखा है।" युवक ने मेज से बैगन उठाते हुए कहा।

वह उस युवक की बात सुनकर देर तक हँसता रहा और फिर उसे दूसरे दिन आने को कहकर विदा किया।

महाराज अपने बगीचे में टहल रहे थे। शाम का समय था। बगीचे के बाहर प्रहरी तैनात थे। किसी को बगीचे में प्रवेश की इजाजत नहीं थी। गोपाल भाँड़ एक युवक के साथ बगीचे के प्रवेश द्वार पर पहुँचा। प्रहरी असमंजस की स्थिति में थे कि गोपाल भाँड़ को वे बगीचे में जाने दें या नहीं। कभी किसी ने गोपाल भाँड़ के लिए कोई प्रतिबन्ध नहीं देखा था—न दरबार में और न महल में। मगर आज महाराज ने प्रहरियों को तैनात करने के निर्देश के साथ यह भी कहला भेजा था कि किसी को भी बगीचे में प्रवेश नहीं करने दिया जाए। असमंजस में पड़े प्रहरियों के लिए गोपाल भाँड़ जैसे व्यक्तित्व को रोकना आसान नहीं था। उन्हें डर था कि कहीं महाराज यह न पूछ बैठें कि गोपाल को रोकने की हिम्मत कैसे की? सच है, बड़े लोग फरमान जारी करने से पहले उसका आगा-पीछा नहीं सोचते। उलझन उठानी पड़ती है छोटे कारिन्दों को।

गोपाल भाँड़ ने बगीचे के बाहर सुरक्षा की चाक-चौबन्द व्यवस्था देखते ही भाँप गए कि महाराज ने प्रहरियों को क्या आदेश दे रखा है। उन्होंने प्रहरियों को असमंजस की स्थिति में देखते हुए उनकी मुश्किल आसान करते हुए कहा—"जाओ! महाराज से कहो, गोपाल एक युवक के साथ बगीचे के मुख्य द्वार पर खड़ा है तथा महाराज से मिलने की अनुमति चाहता है।"

प्रहरी बगीचे में गया और थोड़ी देर के बाद लौटकर आया और विनम्रतापूर्वक गोपाल भाँड़ के सामने झुककर कहा—"महाराज आपकी प्रतीक्षा कर रहे हैं।"

गोपाल भाँड़ युवक को साथ लेकर महाराज के पास पहुँचा। महाराज उस समय गुलाब के फूलों के पास टहल रहे थे। युवक पर उचटती-सी नजर डालते हुए महाराज ने गोपाल भाँड़ से कहा–"आओ गोपाल! अच्छा हुआ, तुम आए। लगता है, तुमने अपना काम पूरा कर लिया है।"

गोपाल भाँड़ ने कहा–"जी हाँ, महाराज! आपके लिए सहचर की तलाश पूरी हो गई है। अब आप स्वयं देखें कि इस युवक में आपके साहचर्य की योग्यता है या नहीं!" गोपाल भाँड़ ने युवक को महाराज के निकट आने का संकेत किया।

युवक ने महाराज का अभिवादन किया।

महाराज ने युवक पर भरपूर दृष्टि डाली। पूछा–"तुम्हारा नाम?"

"किशन।" युवक ने संक्षिप्त उत्तर दिया।

"क्या कर सकते हो?" महाराज ने पूछा।

"समय की जरूरत के मुताबिक खुद की क्षमताओं का विकास!" युवक का उत्तर था।

"इस समय की जरूरत क्या है?" महाराज ने फिर पूछा।

"मेरी समझ से महाराज की आत्मिक शान्ति के लिए उचित प्रयास।" युवक ने विश्वासपूर्वक उत्तर दिया।

महाराज उसके उत्तर से चौंक पड़े, फिर पूछा–"ऐसा तुम्हें क्यों लगता है?"

"इसलिए महाराज कि आप इस समय बगीचे में टहल रहे हैं। बगीचे के बाहर प्रहरी हैं। मतलब कि आप एकान्त भी चाहते हैं, प्राकृतिक सुषमा भी, फूलों की सुगन्ध और नरम हरी घास की शीतलता भी। आप नहीं चाहते कि लालसाओं से घिरे लोग मिलने आएँ और आपकी चाटुकारिता करें, अन्यथा फूलों से भरे बगीचे की पहरेदारी की कोई आवश्यकता नहीं होती।"

महाराज प्रसन्न हुए। युवक ने उनके मन का सटीक अध्ययन किया था। उन्होंने गोपाल भाँड़ की ओर प्रशंसा-भरी दृष्टि डाली, फिर युवक से पूछा–"तुम क्या उपाय कर सकते हो?"

"महाराज! मैं समझता हूँ कि एक राजा को मुझ जैसा साधारण युवक प्रसन्न नहीं कर सकता। एक राजा की जरूरत दूसरा राजा ही समझ सकता

है। गुलाब फूलों का राजा है इसीलिए शायद इस बगीचे में लगे तरह-तरह के फूलों की जगह आपने गुलाब की क्यारियों के पास चलना अधिक पसन्द किया है। मैं यही समझ रहा हूँ। कल से आपके साथ इन गुलाबों की खुशबू हमेशा बनी रहे, इसकी व्यवस्था मैं कर सकता हूँ।"

महाराज खुश हो गए। उन्हें यह युवक पसन्द आया। उन्होंने गोपाल को दूसरे दिन युवक को महल में भेजने का निर्देश दिया और अपने कक्ष की ओर चले गए।

दूसरे दिन महाराज अपने कक्ष में बैठे थे। द्वार पर प्रहरी बैठा था। किसी को कक्ष में आने की इजाजत नहीं थी। दिन चढ़ आया था। महाराज अपने कक्ष में एकाकी बैठे थे। उनका मन उदास था। महाराज की मनोदशा भाँपकर प्रहरी साँसत में थे। डरे-सहमे लेकिन चौकस। एक आकर्षक युवक वहाँ आया। युवक और कोई नहीं, किशन था। उसने प्रहरियों को बताया कि महाराज ने उसे बुलाया है। प्रहरियों को उसकी बात पर यकीन नहीं आया और उन्होंने उसे महाराज के कक्ष में नहीं जाने दिया। युवक उन्हें कुलीन लग रहा था इसलिए वे उसकी बात सुन रहे थे। कोई अन्य होता तो वे उसे वहाँ से खदेड़ चुके होते। प्रहरियों को युवक की इस बात पर भरोसा ही नहीं हो रहा था कि महाराज ने उसे बुलाया है। प्रहरी सोच रहे थे कि भला महाराज उसे कैसे बुला सकते हैं? न तो महाराज दरबार में बैठ रहे हैं और न ही किसी से मिल रहे हैं। आज भी कक्ष में प्रवेश से पूर्व ही उन्होंने निर्देश दे दिया कि वे किसी से नहीं मिलेंगे। ऐसे में युवक की बात सच कैसे मानी जाए? और यदि युवक की बात सच भी है तो उसे वे कक्ष में कैसे जाने दें? उन्हें तो आदेश हुआ है कि महाराज किसी से नहीं मिलेंगे। अब यदि वे युवक को कक्ष में प्रवेश करने देते हैं तो यह महाराज के आदेश का उल्लंघन होगा और वे सभी दंड के भागी होंगे।

युवक ने अनुनय-विनय करके देख लिया। प्रहरी टस से मस नहीं हुए। वे किसी भी कीमत पर युवक को कक्ष में प्रवेश की इजाजत देने को तैयार न थे। तब युवक ने उनसे विनती की कि वे उसे वहीं खड़ा रहने दें। प्रहरी इस शर्त पर उसे वहाँ खड़ा रहने देने के लिए तैयार हुए कि वह कुछ

बोलेगा नहीं। युवक मान गया। महाराज के कक्ष के सामने खड़ा रहकर वह प्रतीक्षा करने लगा कि कहीं महाराज कक्ष के बाहर झाँके और उसे देखकर पहचान लें और अपने कक्ष में बुला लें। काफी देर तक प्रतीक्षा करने के बाद भी महाराज के दर्शन उसे नहीं हुए तब उसने अपनी जेब से एक छोटी-सी शीशी निकाली और उसका ढक्कन खोलकर सूँघने लगा। प्रहरी उसे ऐसा करता देख उसके पास पहुँचे तो युवक ने शीशी उन्हें भी सुँघाई। सभी अचरज में पड़ गए। शीशी से गुलाब की तेज गन्ध निकल रही थी। यह बात उस जमाने की है जब इत्र आम लोगों तक नहीं पहुँचा था। रईस लोग ही इसका इस्तेमाल करते थे। प्रहरी इस गन्ध से चकित थे। युवक ने शीशी का मुँह अपनी उँगली से दबाकर शीशी उलट दी जिससे शीशी में भरा तरल उसकी उँगली में लग गया। उँगली उसने प्रहरी के कपड़ों पर फिराई जिससे आस-पास का वातावरण भी गुलाब की भीनी-भीनी खुशबू से भर गया।

यह सुगन्ध महाराज के कक्ष तक भी पहुँची और महाराज इस सुगन्ध के बारे में जानने के लिए बेताब हो गए कि आखिर इस सुगन्ध का स्रोत क्या है। कहाँ से आ रही है यह गुलाब की प्यारी-प्यारी सी खुशबू?

महाराज अपने आसन से उठे और एक-दो कदम ही चले थे कि उन्हें स्मरण हो आया कि कल शाम गोपाल भाँड़ एक युवक को लेकर उनके पास उनके सहायक पद पर बहाली के लिए आया था। उन्होंने युवक को आज बुलाया था। उस युवक ने कहा था कि वह ऐसी व्यवस्था कर सकता है कि वे जहाँ भी रहें, गुलाब की सुगन्ध उनके साथ रहे। युवक की याद आते ही वे तेज कदमों से कक्ष के बाहर आए तो देखा, युवक कक्ष के बाहर प्रहरियों से घिरा खड़ा है।

महाराज को देखते ही प्रहरियों की सिट्टी-पिट्टी गुम हो गई मगर युवक प्रसन्न हो उठा और वहीं से चीख पड़ा–"महाराज की जय हो!"

महाराज ने उसकी ओर देखा और संकेत से कक्ष में बुला लिया।

महाराज को अनुभव हो रहा था कि युवक ही गुलाब की भीनी-भीनी सुगन्ध का स्रोत है। उनका कक्ष गुलाब की गन्ध से महमहा रहा था। महाराज स्वयं में ताजगी का अहसास करने लगे थे। मन प्रफुल्लित हो उठा था। उन्होंने युवक से कहा–"यह गन्ध तुमसे ही आती महसूस हो रही है।"

युवक मुस्कुराया पर कुछ बोला नहीं।

महाराज ने फिर कहा—"इस गन्ध में ताजगी है। मन प्रफुल्लित हो उठा है।"

युवक ने छोटी शीशी अपनी जेब से निकाली और बहुत सम्मानपूर्वक उस शीशी को महाराज के सामने खोलकर उसमें भरा तरल अपनी उँगली में लगाया फिर अपनी उँगली महाराज के वस्त्र पर फिराई। महाराज को लगा कि गुलाब की खुशबू उनके वस्त्रों से उठने लगी है। महाराज मुग्ध हो गए। युवक ने महाराज को वह शीशी थमा दी। महाराज ने शीशी को करीब से देखा। शीशी में भरे तरल को देखकर वे समझ गए कि यह सुगन्ध इसी तरल से फैलती है। युवक ने महाराज को इस तरल के बारे में बताया कि इसका उपयोग कैसे किया जाता है।

महाराज युवक को लेकर महल चले गए। प्रहरियों ने जब महाराज को युवक के साथ बहुत आत्मीयता से चलते-बतियाते महल की ओर जाते देखा तब वे सकते में आ गए। उन्हें लगा कि युवक उनसे ठीक ही कह रहा था कि उसे महाराज ने बुलाया है। वे मन-ही-मन अफसोस करने लगे कि उन्होंने युवक की बात पर भरोसा क्यों नहीं किया। यदि युवक की बात पर भरोसा करके वे महाराज को उसके आने की सूचना दे देते तो इससे महाराज के आदेश की अवमानना भी न होती और युवक उनकी कार्य- कुशलता की सराहना भी करता। प्रहरियों में बातें होने लगीं कि जरूर यह युवक महाराज का कोई सगा है। अपना है। खास है, आदि। वे आपस में बतियाते हुए महाराज और युवक को महल की ओर जाते देखते रहे। जब महाराज और युवक महल में प्रवेश कर गए तब जाकर उन्होंने राहत की साँस ली।

युवक के साथ महाराज सीधे अपने शयनकक्ष में पहुँचे और सुगन्ध युक्त तरल वाली शीशी उन्होंने युवक को थमाते हुए कहा—"किशन! तुम ऐसी व्यवस्था करो कि इस कक्ष में मैं जिधर भी जाऊँ, उधर से मुझे यह सुगन्ध मिले।"

युवक ने शयनकक्ष के सारे पर्दों पर वह तरल लगाया। महाराज के बिस्तर पर बिछे चादर और तकिए पर भी उसने उँगली फेरी। महाराज अपने कक्ष से आती सुगन्ध की लहर से आनन्दित हो उठे। देर तक वे युवक के साथ बातें करते रहे।

युवक किशन उन्हें फूलों और सुगन्ध के मानव स्वास्थ्य पर पड़नेवाले प्रभावों के बारे में बताता रहा।

उसने महाराज से कहा कि शरीर में मन की अवधारणा की गई है और मन स्थूल नहीं, सूक्ष्म है—वैसे ही, जैसे फूल में सुगन्ध निहित है और सुगन्ध स्थूल नहीं सूक्ष्म है। इसलिए मनो-मानसिक प्रभाव के लिए सुगन्ध का उपयोग किया जाता है। सुगन्ध मनुष्य को चैतन्य बना देता है।

महाराज किशन को प्रशंसा की दृष्टि से देख रहे थे। उससे वे निश्चित रूप से प्रभावित हुए थे। उन्होंने किशन को विदा करने से पूर्व भोजन कराया और दूसरे दिन आने का निर्देश देकर विदा किया।

गोपाल भाँड़ के पास किशन शाम ढलने के बाद पहुँचा। उसने उसे सारी बातें बताईं। गोपाल भाँड़ को उसने एक बोतल भी दिखाया जिसमें तरल पदार्थ भरा हुआ था। उसने बोतल का ढक्कन खोला। ढक्कन खुलते ही पूरा कमरा गुलाब की सुगन्ध से भर गया। चकित गोपाल को किशन ने बताया कि यह बोतल उसे मुर्शिदाबाद के नवाब ने इनाम में दिया था। इसमें गुलाब का इत्र है।

गोपाल भाँड़ जानता था कि मुर्शिदाबाद का नवाब काफी दौलतमन्द है तथा उसके पास जितनी दौलत है उतना ही दौलत का गुरूर भी। सनकी भी है—परले दर्जे का! एक बार उसने महाराज कृष्णचन्द्र राय से धरती की लम्बाई-चौड़ाई बताने को कहा था। महाराज ने उसे इस काम में लगाकर अपना पिंड छुड़ा लिया था। मुर्शिदाबाद के नवाब का जिक्र आने पर अनायास ही गोपाल भाँड़ के होंठों पर मुस्कान खेलने लगी।

किशन से गोपाल भाँड़ ने पूछा—"क्या तुमने नवाब की किसी सनकी सवाल का जवाब दिया था?"

किशन ने मुस्कुराते हुए हामी भरी, फिर कहने लगा—"नवाब के पास एक इत्रफरोश इत्र बेचने के लिए आया था। इत्रफरोश अरब से आया था और अरबी में ही बोलता था।

"उसकी बातें नवाब नहीं समझ रहा था और वह उसकी बातें समझने के लिए बेताब था। मैं रोजगार की तलाश में मुर्शिदाबाद गया हुआ था।

तकदीर आजमाने के लिए मैं नवाब के दरबार में पहुँच गया। नवाब के दरबार में दिलचस्प मंजर था। इत्रफरोश बार-बार एक शीशी से थोड़ा तरल निकालकर नवाब के आस्तीन में लगाकर कुछ बोलता और नवाब पूछते–'बताओ, कितने का है?' इत्रफरोश उनकी बात शायद समझ नहीं रहा था। वह फिर नवाब के आस्तीन में इत्र लगाकर कुछ बोलता, मानो कह रहा हो कि ऐसा इत्र यहाँ कहीं नहीं मिलेगा।

"अन्ततः मैं वहाँ इत्रफरोश और नवाब के बीच पहुँच गया। चाँदी का एक सिक्का रखकर इत्रफरोश की ओर देखा और एक छोटी शीशी उठाई तो इत्रफरोश ने शीशी मेरे हाथ से झटक ली और अपने पास से दस स्वर्ण-मुद्रा निकालकर दिखाया। मतलब साफ था कि एक शीशी के बदले में दस स्वर्णमुद्राएँ! नवाब मुझे इत्रफरोश के साथ इस तरह पेश आते देखकर गुस्से में बोला–'यह तुम क्या कर रहे हो युवक?' मैंने नवाब से कहा कि इस इत्रफरोश से मोल-भाव कर रहा हूँ। नवाब का गुस्सा ठंडा पड़ गया और उसने कहा–'तुम इसके पास के सारे इत्र का मोल करो। मैं इनाम में तुम्हें इतना इत्र दे दूँगा कि तुमने कल्पना भी नहीं की होगी।'

"इशारों-इशारों में मैंने एक सहस्र स्वर्णमुद्राओं में इत्रफरोश के पास जितना भी इत्र था खरीदने की पेशकश कर दी। इत्रफरोश का कुछ सामान बाहर गधे पर लदा था जिसकी रखवाली उसका नौकर कर रहा था। तरह-तरह की खुशबुओं वाले तरल के मर्तबान जब नवाब के पास आने लगे तब नवाब के चेहरे पर खुशी की लहर दौड़ गई। उसने एक सहस्र स्वर्णमुद्राएँ देकर उस अरब को विदा किया और गुलाब के इत्र की यह बड़ी बोतल मुझे इनाम में दी। मुर्शिदाबाद से लौटने के समय मुझे एक संन्यासी रास्ते में मिला जिसने सुगन्ध के महत्त्व के बारे में बताया। उसी संन्यासी ने मुझे बताया था कि विरक्ति, मन न लगना, उदासीनता, अनासक्ति जैसी मानसिक स्थितियों में सुगन्ध का उपयोग करने से लाभ होता है। मनुष्य यदि हताश और निराश है तब भी सुगन्ध का उपयोग करने से उसके मन की दशा में सुधार हो जाता है। महाराज कृष्णचन्द्र के बारे में मुझे जो जानकारी मिली उससे मैंने अनुमान लगाया कि सुगन्ध से उनकी मनःस्थिति में सुधार हो सकता है। इसीलिए मैंने उनसे सुगन्धवाली बात कही थी और आज उस बोतल से इस छोटी शीशी में थोड़ा इत्र लेकर

उनके पास गया था। मुझे इस सुगन्ध के अनुकूल प्रभाव होने का भान भी आज हुआ है।"

उसने महाराज से मिलने से लेकर उनसे विदा लेकर गोपाल भाँड़ तक आने के बीच घटित घटनाओं का विस्तारपूर्वक खुलासा उसके सम्मुख किया।

गोपाल भाँड़ मन-ही-मन युवक की योग्यता की प्रशंसा करते रहे।

महाराज कृष्णचन्द्र ने युवक को पसन्द किया था। लेकिन अभी तक उसकी औपचारिक नियुक्ति नहीं हुई थी। युवक किशन फिलहाल गोपाल भाँड़ के पास ही ठहरा हुआ था। गोपाल भाँड़ को किशन की बातें सुनने के बाद इस बात का अहसास होने लगा था कि महाराज कृष्णचन्द्र की मनःस्थिति में शीघ्र सुधार होगा और वे राज्य के कार्यों पर फिर से ध्यान देने लगेंगे। गोपाल भाँड़ ने सोचा कि किशन के साथ वह भी दूसरे दिन महाराज से मिलने जाएगा तथा महाराज का मन टटोलेगा कि वे दरबार लगाना शुरू करने के सन्दर्भ में अब क्या विचार रखते हैं।

किशन के साथ भोजन करते हुए गोपाल भाँड़ ने प्रकट तौर पर कहा—"किशन! कल सुबह मैं भी तुम्हारे साथ महाराज से मिलने चलूँगा। तुम्हारी नियुक्ति की आवश्यक औपचारिकताओं और तुम्हारी आवासीय व्यवस्था के सम्बन्ध में महाराज से स्पष्ट बातें कर लेना उचित होगा।"

किशन को भला क्या आपत्ति हो सकती थी! उसने हामी भर दी।

भोजन करने के बाद दोनों सो गए।

दूसरे दिन सुबह स्नान आदि से निवृत्त होने के बाद गोपाल भाँड़ और किशन महल की ओर चल पड़े। रास्ते में उन्होंने एक राजकर्मी को एक वृद्ध की बेरहमी से पिटाई करते देखा। गोपाल भाँड़ ने मामले में हस्तक्षेप किया। राजकर्मी गोपाल भाँड़ को पहचानता था इसलिए वह वहाँ से चला गया।

गोपाल भाँड़ ने उस वृद्ध से पूछा—"आखिर किस कारण से राजकर्मचारी तुम्हारे साथ इतना बुरा व्यवहार कर रहा था?"

बूढ़े की बात सुनकर गोपाल भाँड़ और किशन मर्माहत हो उठे।

बूढ़े ने उन्हें बताया—"मैंने अपनी बेटी के विवाह के समय राजकर्मचारी से बीस रुपए उधार लिये थे। राजकर्मचारी ने मुझे बीस रुपए इस शर्त पर दिए थे कि जब तक मैं पैसे नहीं चुकाता हूँ तब तक उसके घर के फुटकर

काम करता रहूँगा। तब से बिना पगार के ही राजकर्मचारी मुझसे अपने घर के काम मुफ्त में करवाता आ रहा है। आज मुझे बुखार लग गया था। स्वास्थ्य ठीक नहीं रहने के कारण बिस्तर से उठ नहीं पाया और राजकर्मचारी के घर नहीं जा पाया जिससे कुपित होकर वह मेरी झोपड़ीं में पहुँच गया और मुझे बिस्तर पर पड़ा देख आग-बबूला हो गया। फिर क्या था! उसने आव देखा न ताव, मुझको बिस्तर से घसीट लिया और सड़क पर लाकर मेरी पिटाई करने लगा।"

गोपाल भाँड़ बूढ़े की व्यथा-कथा सुनने के बाद तिलमिला गया। उसने बूढ़े को भी अपने साथ महल चलने को कहा।

'महल' का नाम सुनते ही बूढ़ा डर से थर-थर काँपने लगा। उसने हाथ जोड़कर विनती की–आप मुझे महल लेकर नहीं जाएँ! यदि राजा के कर्मचारी को इस बात का पता लग गया तो वह मुझे बरबाद कर देगा!"

मगर गोपाल भाँड़ और किशन ने बूढ़े को समझाया–"महाराज के सामने इस कर्मचारी की कलई खोलना उचित है। न जाने यह व्यक्ति अपने पद का दबदबा दिखाकर और कितने लोगों के साथ इस तरह का अमानुषिक व्यवहार करता होगा! ऐसे व्यक्ति को दंड दिलाना धर्मसंगत है। न्यायसंगत है। इसमें अनुचित कुछ भी नहीं है।"

महाराज कृष्णचन्द्र राय अपने महल के बाहर बगिया में टहल रहे थे। महाराज प्रफुल्लित थे। प्रसन्नचित्त दिख रहे थे। गोपाल भाँड़ और किशन को उन्होंने एक वृद्ध के साथ अपने महल की ओर आते देखा तो उनकी प्रसन्नता और बढ़ी। उन्होंने प्रहरी को बुलाकर बगिया में ही चार आसन लगा देने के लिए कहा तथा निर्देश द्रिया कि गोपाल भाँड़ आए तो उसे सम्मानपूर्वक बगिया में ही ले आया जाए।

थोड़ी ही देर में व्यवस्था हो गई। प्रहरी गोपाल भाँड़, किशन और वृद्ध को बगिया में पहुँचा गया।

गोपाल भाँड़ ने महाराज का झुककर अभिवादन किया। किशन और वृद्ध ने भी महाराज के सम्मुख हाथ जोड़कर अभिवादन किया। महाराज ने उन लोगों को आसन ग्रहण करने का निर्देश दिया तथा गोपाल भाँड़ को

अपने साथ टहलने का संकेत किया। वह महाराज के साथ धीरे-धीरे टहलने लगा।

महाराज ने धीरे से गोपाल भाँड़ से पूछा–"कहो गोपाल! लगता है, किसी उलझन में हो? क्या बात है? निःसंकोच कहो!"

गोपाल भाँड़ ने वृद्ध के साथ राजकर्मचारी के बर्ताव का संक्षिप्त वर्णन करते हुए कहा–"महाराज! जब घर का मुखिया उदासीन हो जाता है तब घर में अराजक स्थिति पैदा हो जाती है। अनुशासन का पतन हो जाता है और घर का प्रत्येक सदस्य खुद को स्वयम्भू समझने लगता है। यह स्थिति बहुत विस्फोटक होती है। यदि समय रहते घर का मुखिया सचेत नहीं होता है तो घर को बिखरने से कोई रोक नहीं सकता। यही स्थिति राज्य की होती है। दरबार के लगने से प्रजा और राजकर्मचारियों में भय व्याप्त रहता है कि राजा सजग है इसलिए अराजकता नहीं फैलती। आपने उदासीनता ओढ़ ली है, इसका पार्श्व प्रभाव अब दिखने लगा है। राजा को स्वयं अनुशासन में होना चाहिए तब ही उसके कर्मचारी कर्तव्यनिष्ठ बने रह सकते हैं।"

गोपाल भाँड़ की बात महाराज कृष्णचन्द्र राय के मन में पैठ गई। उन्हें अपनी गलती का अहसास होने लगा। वे मौन रहे।

गोपाल भाँड़ भी चुप हो गया। बड़ों के सामने थोड़ी सी बात सही और सटीक कह दी जाए तो वह बात आदि से अन्त तक बड़ों को समझ में आ जाती है। कृष्णचन्द्र राय तो महाराज ही थे। उन्हें यह बात क्यों कही गई, यह समझाने के लिए विस्तार में जाने की कतई आवश्यकता नहीं थी।

गोपाल भाँड़ ने महाराज के साथ बगिया में चहलकदमी करना जारी रखा। थोड़ी देर तक दोनों मौन टहलते रहे। अचानक महाराज ने गोपाल भाँड़ से कहा–"चलो गोपाल, थोड़ी देर बैठते हैं।"

"बगीचे में अपने लिए लगाए गए आसन पर जाकर महाराज बैठ गए। गोपाल भाँड़ भी वहाँ रिक्त आसन पर विराज गए।

किशन से महाराज ने कुशल-क्षेम पूछा और उसके गुलाब के इत्र की तारीफ की। किशन ने महाराज के वस्त्र में इत्र लगाया और इत्र से सराबोर रूई का फाहा भी उसने महाराज को भेंट किया। महाराज उसे लेकर सूँघने लगे।

थोड़ी देर के मौन के बाद महाराज ने वृद्ध से कहा–"आप कल दरबार

में पधारें।'' फिर गोपाल भाँड़ और किशन से कहा–"तुम दोनों भी कल दरबार में नियत समय पर पहुँचो।" इतना कहकर महाराज आसन से उठ गए।

गोपाल भाँड़, किशन और वृद्ध के लिए यह स्पष्ट संकेत था कि अब आप लोग जाएँ। तीनों महाराज का अभिवादन करके वहाँ से लौट आए।

वापसी में गोपाल भाँड़ मन-ही-मन प्रसन्न था कि महाराज दुनियादारी की ओर लौट रहे हैं। उन्हें वृद्ध वाली घटना ने झकझोर कर रख दिया है। अच्छा हुआ कि उसने राजकर्मचारी की धृष्टता की जानकारी महाराज को दे दी।

दूसरे दिन नियत समय पर दरबार लगा। एक लम्बे समय के बाद दरबार लगने के कारण दरबारियों की उपस्थिति कम थी मगर महाराज के निर्देश पर महामंत्री सहित सभी मंत्रिगण और कोष प्रभारी समय पर उपस्थित हो चुके थे। महाराज भी समय पर अपने आसन पर विराजमान हुए। इक्के-दुक्के दरबारियों का आना जारी था। गोपाल भाँड़ किशन के साथ दरबार में उपस्थित हुआ। महाराज के संकेत पर एक प्रहरी उन दोनों के पास आया और किशन से बोला–"श्रीमान! महाराज के सिंहासन के बाईं ओर जो आसन रखा हुआ है, आप वहीं विराजें।"

गोपाल भाँड़ ने किशन का हाथ दबाते हुए इशारा किया कि वह वैसा ही करे।

किशन ने महाराज के आसन के समक्ष पहुँचकर उनका अभिवादन किया। फिर निर्दिष्ट आसन पर जाकर बैठ गया। महाराज के संकेत पर महामंत्री ने उठकर दरबार में घोषणा की कि किशन को महाराज का विशेष सहयोगी नियुक्त किया गया है। इसके साथ ही यह घोषणा भी की गई कि किशन को नियुक्ति-पत्र महाराज स्वयं अपने हाथों प्रदान करेंगे।

महामंत्री नियुक्ति-पत्र तैयार करके लाए थे। उनके हाथों में नियुक्ति-पत्र था। महाराज आसन से उठे और महामंत्री से नियुक्ति-पत्र लेकर किशन को सौंपा।

किशन झुक-झुककर महाराज का अभिवादन करने लगा। फिर वह

गोपाल भाँड़ की ओर मुड़ा और उनके प्रति विनम्रता से झुककर अपनी कृतज्ञता ज्ञापित की। किशन अपने आसन की ओर बढ़ता कि उससे पहले महाराज ने उसे टोक दिया–"किशन! नियुक्ति की खुशी में इस दरबार में सुवास फैलाओ...ऐसा कुछ करो कि दरबार गुलाब की खुशबू से गमगमा उठे!"

किशन ने दरबार में लगे पर्दों को देखा और महाराज से बोला– "महाराज! खुशबू तो फैलेगी मगर मुझे इन पर्दों पर हाथ फेरने की इजाजत दें।"

महाराज ने स्वीकृति की मुद्रा में सिर हिलाया और दरबार में उपस्थित लोगों ने अनुभव किया कि किशन जिधर से गुजरता है, उधर के पर्दों को सहलाता जाता है और गुलाब की सुगन्ध फैलने लगती है। यह उस युग की बात है जब 'इत्र' के बारे में बहुत कम लोग जानते थे और महाराज कृष्णचन्द्र के राज्य की सीमा में कोई इत्र का व्यापारी नहीं पहुँचा था। थोड़ी ही देर में दरबार सुगन्ध से सराबोर हो उठा। किशन ने दरबार की परिक्रमा पूरी कर अपना आसन ग्रहण किया। पूरा दरबार तालियों से गूँज उठा।

थोड़ी देर के बाद ही वह वृद्ध भी दरबार में उपस्थित हुआ–चकित और विस्मित सा। महाराज ने प्रहरी को संकेत किया। प्रहरी उस वृद्ध को एक आसन के पास ले गया और वृद्ध को बैठा दिया।

महाराज ने महामंत्री की ओर देखा और महामंत्री ने प्रहरी को संकेत किया। प्रहरी दरबार के बाहर चला गया। थोड़ी देर के बाद राजकर्मचारी को लेकर पाँच सिपाही दरबार में आ गए। राजकर्मचारी के हाथ पीछे की ओर बँधे थे। राजकर्मचारी कुछ कहता कि उससे पहले ही उसकी नजर वृद्ध पर पड़ गई और उसे समझते देर न लगी कि महाराज ने उसे क्यों बन्दी के रूप में दरबार में बुलवाया है।

महाराज ने वृद्ध से अपनी व्यथा-कथा सुनाने को कहा। वृद्ध अपने आसन से उठकर खड़ा हुआ। वह दोनों हाथ जोड़े हुए था और थर-थर काँप रहा था। तब गोपाल भाँड़ अपने आसन से उठा और महाराज से आज्ञा लेकर वृद्ध पर राजकर्मचारी के अत्याचार का पूरा वृत्तान्त कह सुनाया।

महाराज ने कर्मचारी को कारावास में डाल देने की आज्ञा सुनाई और

कोष प्रभारी को आज्ञा दी कि इस वृद्ध के लिए ऐसी व्यवस्था कर दी जाए कि उसकी आवश्यकता की वस्तुएँ महीने के पहले दिन उसके घर पर पहुँच जाएँ।

दरबारियों ने महाराज के न्याय की प्रशंसा की। गोपाल भाँड़ भी महाराज को अपने पूरे तेवर में काम करते देख वाह-वाह कर उठा।

महाराज ने मुस्कुराते हुए कहा–"यह न्याय इस दरबार में फैले सुगन्ध का सम्मान है।"

घोड़ा जी उठा

मुर्शिदाबाद के नवाब की सनक के तरह-तरह के किस्से मशहूर हैं। कृष्णनगर के राजा कृष्णचन्द्र राय उस नवाब की सनक से कई बार परेशान हो चुके थे।

एक बार मुर्शिदाबाद के नवाब का प्रिय घोड़ा बीमार पड़ गया। मुर्शिदाबाद में पशुओं का अच्छा चिकित्सक उपलब्ध नहीं था। मुर्शिदाबाद के नवाब को महाराज कृष्णचन्द्र का स्मरण हो आया। उसने तुरन्त एक दूत रवाना कर दिया। दूत कृष्णनगर पहुँचा। महाराज कृष्णचन्द्र राय के दरबार में पहुँचकर उसने नवाब का फरमान सुनाया। नवाब ने अविलम्ब किसी अच्छे पशु-चिकित्सक को भेजने की माँग रखी थी। महाराज के लिए योग्य पशु-चिकित्सक मुर्शिदाबाद भेजने में कोई परेशानी नहीं थी। मगर महाराज कृष्णचन्द्र राय के मन में हिचक अवश्य थी कि कहीं तुनकमिजाज नवाब उनके द्वारा भेजे गए चिकित्सक के कार्य से सन्तुष्ट नहीं हुआ तो न जाने कैसा व्यवहार करे...क्योंकि प्रमाद और क्रोध में व्यक्ति उचित-अनुचित का विवेक खो देता है। नवाब जब आवेश में आता है तब उसे भी उचित-अनुचित का ध्यान नहीं रहता।

महाराज ने दूत को अतिथिशाला में भेज दिया और स्वयं मंत्रियों से विमर्श करने लगे कि मुर्शिदाबाद के नवाब की माँग पर किसी पशु-चिकित्सक को मुर्शिदाबाद भेजा जाए या नहीं। महाराज कृष्णचन्द्र स्वयं घोड़ों के शौकीन थे। उनकी घुड़साल में कई नस्लों के घोड़े थे—छोटे भी और बड़े भी। सफेद, काला, चितकबरा—विविध नस्ल के घोड़ों से भरी घुड़साल को देखकर कोई भी आश्चर्य करता कि महाराज ने इतने तरह के घोड़े कैसे प्राप्त कर लिये। इन घोड़ों को प्रशिक्षित करने के लिए साईसों की भी कमी नहीं थी और घोड़ों के स्वास्थ्य पर नजर रखने के लिए योग्य चिकित्सकों

का भी अभाव न था। महाराज कृष्णचन्द्र के घुड़साल की इस सम्पन्नता की चर्चा दूर-दूर तक फैली हुई थी। यही कारण था कि नवाब ने महाराज से अपने घोड़े की चिकित्सा के लिए योग्य चिकित्सक भेजने को कहा था। महाराज जानते थे कि नवाब सनकी है, मगर दिलदार भी है। खुश होने पर वह किसी के लिए भी खजाना खोल देता है। लेकिन सनक में आकर वह किसी के लिए भी परेशानी का कारण हो सकता है! इसी आशंका के कारण महाराज तत्काल कोई भी निर्णय लेने से पहले भली भाँति सोच-विचार कर लेना चाहते थे।

मंत्रियों से मंत्रणा के बाद महाराज इस नतीजे पर पहुँचे कि अपने राजनयिक सम्बन्धों को सुरक्षित रखने के लिए उन्हें एक चिकित्सक नवाब की सेवा में भेज देना चाहिए।

दूसरे दिन उन्होंने दूत के साथ एक कुशल पशु-चिकित्सक को मुर्शिदाबाद भेज दिया।

मुर्शिदाबाद पहुँचकर पशु-चिकित्सक ने घोड़े की जाँच की। उसकी चिकित्सा के लिए मुर्शिदाबाद में उचित व्यवस्था का अभाव पाया। उसने नवाब को घोड़े की बीमारी के बारे में पूरी जानकारी दी तथा बताया कि इस बात की सम्भावना कम है कि इस घोड़े को रोग से मुक्ति मिल सकेगी। जहाँ तक चिकित्सा की बात है तो कृष्णनगर में महाराज कृष्णचन्द्र के घुड़साल में यदि इस घोड़े को किसी तरह ले जाया जाए तो उसकी चिकित्सा वहाँ हो जाएगी। बहुत सम्भव है कि घोड़े की जान बच जाए और वह फिर से दौड़ लगाने लगे!

पशु-चिकित्सक की बात सुनकर नवाब बहुत नाराज हुआ। लेकिन कोई चारा नहीं था। उसने पशु-चिकित्सक की सलाह के अनुसार घोड़े को एक गाड़ी में लदवाकर कृष्णनगर भेज दिया। घोड़ा भेजने के साथ ही नवाब ने महाराज कृष्णचन्द्र राय को एक पत्र भेजा जिसमें यह धमकी दी गई थी कि यदि घोड़ा स्वस्थ होकर मुर्शिदाबाद नहीं लौटा तो उसका परिणाम भयंकर होगा।

यह धमकी महज धमकी नहीं है, यह बात महाराज कृष्णचन्द्र समझते थे। सनकी नवाब कुछ भी कर सकता था। आक्रोश में आकर उनके राज्य पर हमला करने से भी यह नवाब बाज आनेवाला नहीं था। साधन और

सम्पत्ति की कोई कमी उस नवाब के पास नहीं थी, इसी के कारण उसकी सनक को पड़ोसी राज्य बर्दाश्त करते थे। महाराज कृष्णचन्द्र नवाब की धमकी पर मन मसोसकर रह गए। प्रतिक्रिया करते तो क्या?...और किससे?

महाराज ने घुड़साल के पशु-चिकित्सकों को बुलाकर कहा कि वे किसी भी तरह नवाब के घोड़े को चिकित्सा कर उसे नीरोग बना दें। इस कार्य के लिए उन्होंने पारितोषिक की भी घोषणा कर दी।

घोड़े की चिकित्सा शुरू हुई मगर रोग था कि बढ़ता ही गया। नवाब ने कई बार दूत भेजकर घोड़े का हाल जानना चाहा। हर बार महाराज ने यही जवाब भेजा–'घोड़े की हालत में सुधार हो रहा है, अब आगे देखिए, क्या होता है।'

एक दिन नवाब ने फरमान भेजा कि घोड़ा यदि स्वस्थ नहीं हुआ तो वह उस व्यक्ति को फाँसी पर चढ़ा देगा जो उस घोड़े के मरने की सूचना देगा।

नवाब के इस फरमान से महाराज कृष्णचन्द्र उद्वेलित हो उठे। कहाँ तो वे नवाब के घोड़े की चिकित्सा करवा रहे हैं, और कहाँ नवाब उन्हें धमकियाँ दे रहा है!

महाराज को चिन्तित देखकर गोपाल भाँड़ भी चिन्तित हो उठा। महाराज की चिन्ता का कारण जानने के लिए उसने पूछा–"महाराज, इन दिनों आप बहुत चिन्तित दिखाई पड़ते हैं! क्या बात है? मुझे भी बताइए। हो सकता है, मैं आपकी कोई मदद कर सकूँ!"

महाराज ने गोपाल भाँड़ से नवाब के फरमान और घोड़े की बीमारी के बारे में बताया।

गोपाल भाँड़ ने महाराज को आश्वस्त किया कि वे निश्चिन्त रहें। यदि घोड़ा मर जाता है तो इसकी सूचना देने के लिए वह खुद मुर्शिदाबाद जाएगा। नवाब से वह बात करेगा। किसी और के वहाँ जाने की आवश्यकता नहीं।

...और एक दिन चिकित्सा के दौरान घोड़े ने दम तोड़ दिया।

महाराज तक घोड़े की मौत की सूचना आई। महाराज ने तत्काल गोपाल भाँड़ को बुलवाया और घोड़े की मौत की जानकारी मुर्शिदाबाद के नवाब तक पहुँचाने की जरूरत बताई।

गोपाल भाँड़ ने सहर्ष महाराज के निर्देश का पालन किया। उसने उस गाड़ी को मँगवाया जिस पर लादकर घोड़ा लाया गया था। इस गाड़ी के फर्श पर बर्फ की सिल्लियाँ बिछवा कर उस पर मृत घोड़े को सुला दिया गया और फिर बर्फ की सिल्लियाँ इस करीने से गाड़ी पर लादी गईं जिससे बर्फ की दीवार सी बन गई।

गोपाल भाँड़ ने यह इन्तजाम इसलिए किया कि मुर्शिदाबाद पहुँचने तक घोड़े का शव सुरक्षित रहे। उसमें सड़न पैदा न हो। इसके बाद गोपाल भाँड़ उस गाड़ी के साथ मुर्शिदाबाद पहुँचा। मुर्शिदाबाद पहुँचकर पहले की भाँति ही एक धर्मशाला में ठहरा। स्नान आदि से निवृत्त होकर वह नवाब से मिलने पहुँचा।

नवाब को जब मालूम हुआ कि कृष्णनगर से गोपाल भाँड़ उनसे मिलने आया है तब उसने तत्काल मिलने की इजाजत दे दी।

गोपाल भाँड़ जब नवाब के समक्ष उपस्थित हुआ तो उसे देखते ही पूछने लगा–"मेरे घोड़े की हालत कैसी है? वह पहले की तरह हो गया है या नहीं?"

गोपाल ने संयत स्वर में कहा–"हुजूर! आपके घोड़े की हालत ऐसी है जिसमें अब कभी कोई गिरावट नहीं आनेवाली। उसका शरीर इतना ठोस हो चुका है कि कोई चाहे भी तो उसकी दुम तक नहीं ऐंठ सकता। उसके चारों पैर महल के स्तम्भ की तरह मजबूत और सीधे हैं...अब आपका घोड़ा इतना निश्चिन्त है कि किसी की आवाज पर ध्यान तक नहीं देता है।"

नवाब अवाक्, गोपाल की बातें सुनता रहा, फिर पूछा "क्या घोड़ा मर गया?"

गोपाल ने कहा–"आप स्वयं चलकर घोड़े को देख लें।"

नवाब को साथ लेकर गोपाल गाड़ी के पास आया। बर्फ की सिल्लियाँ गल चुकी थीं। घोड़ा गाड़ी पर धुला-धुला सा दिख रहा था। नवाब ने समझ लिया कि घोड़ा मर चुका है। उसने गोपाल की ओर देखा और फिर पूछा–"क्या घोड़ा मर गया है?"

गोपाल ने कहा–"घोड़ा आराम से लेटा है–आप स्वयं देखें कि वह जीवित है या नहीं?"

नवाब ने घोड़े के बदन पर हाथ लगाया, उसे सहलाया। उस समय धूप तेज हो चली थी...नवाब का मन मायूसी में डूब रहा था। घोड़ा उसे बहुत

प्रिय था इसलिए वह यह स्वीकार नहीं कर पा रहा था कि घोड़ा मर चुका है। नवाब रह-रहकर घोड़े को थपथपाता और उसे उसी तरह चुमकारता जिस तरह उसके जीवित रहने पर पुचकारता था। खासकर तब जब वह उस पर सवारी करने की तैयारी में होता था।

नवाब का घोड़े के प्रति यह लगाव देखकर गोपाल भाँड़ रोमांचित सा हो रहा था कि अचानक उसने देखा–घोड़े के शरीर में थोड़ी हरकत हुई, फिर घोड़ा शान्त हो गया। गोपाल ने सोचा कि यह भ्रम रहा होगा। नवाब घोड़े को सहलाते हुए उसे पुनः पुचकार रहा था। नवाब की आँखों में आँसू थे। तभी पुनः गोपाल ने देखा–घोड़े के शरीर में पुनः हरकत हुई और इस बार घोड़ा हिला और गाड़ी में उठकर बैठने की कोशिश करने लगा।

नवाब की खुशी का ठिकाना नहीं था। घोड़े को साईसों ने गाड़ी से उतार लिया। घोड़ा जी उठा था। नवाब अपना घोड़ा पाकर धन्य हो उठा।

उसके बाद जब गोपाल कृष्णनगर के लिए विदा होनेवाला था तब उसने नवाब को सच्ची बात बता दी कि वह तो घोड़े को मृत जानकर उसका शव गाड़ी में लेकर आया था। सम्भवतः बर्फ में दबे रहने के बाद, बर्फ की ठंडक से घोड़े की बीमारी दूर हो गई और वह स्वस्थ हो गया।

नवाब ने गोपाल से पूछा–''गोपाल! तुम यह जानकर भी घोड़े के शव के साथ यहाँ आए कि मैंने फरमान जारी कर रखा है कि घोड़े की मौत की खबर लानेवाले को मैं फाँसी पर चढ़ा दूँगा?''

गोपाल ने उत्तर दिया–''जी हुजूर! मैं तो आपके घोड़े की लीद उठाने के लायक भी नहीं हूँ। मेरे मरने से भला किसी को क्या फर्क पड़ता, इसलिए ही चला आया। मेरी औकात तो आपके घोड़े जैसी भी नहीं है।''

नवाब ने गोपाल से कहा–''तुम अपनी तुलना घोड़े से मत करो। तुम बहुत दिलेर हो!'' और उसने गोपाल भाँड़ को ढेर सारा इनाम देकर भेज दिया।

महाराज कृष्णचन्द्र ने जब गोपाल भाँड़ से घोड़े के जीवित हो उठने के बारे में जाना तब उन्होंने पशु-चिकित्सकों को बुलाकर इसके बारे में जानकारी चाही।

चिकित्सकों ने आपसी विचार-विमर्श के बाद बताया–"गुप्त-ज्वर के प्रभाव से घोड़े के हृदय की धड़कन अवरुद्ध हो गई थी। बर्फ के प्रभाव से

घोड़े का ज्वर नियंत्रित हो गया और सूर्य के ताप से घोड़ा ठंड के प्रभाव से मुक्त हुआ...संवेदनशील प्राणी होने के कारण जब उसके शरीर पर अपने स्वामी की थपथपाहट महसूस हुई तो उसकी चेतना लौटने लगी। रही-सही कमी स्वामी के पुचकार ने पूरी कर दी और वह अपनी सामान्य अवस्था में लौट आया।" चिकित्सकों ने महाराज को आगे बताया–"इसमें चमत्कार जैसी कोई बात नहीं है। हजार मामलों में इस तरह का एक मामला चिकित्सा के क्षेत्र में देखने को मिल सकता है। 'गुप्त-ज्वर' की चर्चा पशु-चिकित्साशास्त्र में प्राचीन चिकित्सकों ने भी की है। चूँकि उनमें से किसी चिकित्सक ने पूर्व में गुप्त-ज्वर से छद्म-मृत्यु की घटना नहीं देखी थी, इसलिए वे इस रोग को पहचान नहीं पाए थे और अनजाने ही गोपाल भाँड़ ने शव की सुरक्षा के लिए बर्फ का जो उपयोग किया, उससे यह चमत्कार पैदा हुआ।"

महाराज कृष्णचन्द्र चिकित्सकों के उत्तर से सन्तुष्ट हो गए।

गोपाल ने दी महाराज को सीख

कृष्णनगर के लोग शान्तिप्रिय थे। महाराज कृष्णचन्द्र स्वयं शान्तिप्रिय व्यक्ति थे। आमोद-प्रमोद, हास-विलास के प्रति उनका आकर्षण था। राज्य में धन-धान्य की कमी न थी इसलिए प्रजा भी खुशहाल थी। कृष्णनगर के वैभव की चर्चा बंगाल तथा अन्य राज्यों में भी होती थी।

एक बार एक पड़ोसी राजा ने कृष्णनगर पर हमला कर दिया। महाराज कृष्णचन्द्र राय के सैनिकों ने आक्रमणकारियों को खदेड़ दिया। किन्तु इस युद्ध में जो रक्तपात हुआ उससे महाराज बहुत दुखी हुए। वे आशंकित रहने लगे कि जब एक बार हमला हुआ है तब कृष्णनगर पर फिर कभी भी हमला हो सकता है। इस आशंका के कारण उनका मन राज-पाट में नहीं लगता था।

महाराज की ऐसी मनोदशा देखकर महामंत्री ने उन्हें तीर्थाटन करने की सलाह दी। महामंत्री ने सोचा कि कुछ दिन महाराज घूम-फिर आएँगे तब उनका मन स्वस्थ हो जाएगा। राज-पाट की जिम्मेदारी लगातार निभाने के कारण, महाराज समरसता जनित ऊब के शिकार हो गए हैं।

महाराज कृष्णचन्द्र राय महामंत्री की सलाह पर राज्य की जिम्मेदारी उसे सौंपकर स्वयं काशी प्रवास के लिए निकल पड़े। काशी पहुँचकर महाराज कृष्णचन्द्र राय ने सामान्य व्यक्ति की तरह एक धर्मशाला में आश्रय लिया और गंगा तट पर बने मन्दिरों में प्रभु-प्रतिमाओं के दर्शन करते और पंडित-ज्ञानियों के सत्संग में शामिल होते।

एक दिन जब महाराज गंगा स्नान के बाद एक मन्दिर में प्रवेश कर रहे थे तब उन्हें एक सन्त ने टोका—"राजन्! तुम प्रस्तर प्रतिमाओं में मन का चैन तलाश रहे हो, ऐसा करना तुम जैसे परिपक्व प्राणी के लिए उचित नहीं है। ईश्वर ने तुम्हें जिस हेतु संसार में भेजा है, उसका निर्वाह करो। कर्तव्य-विमुख व्यक्ति को ईश्वर की प्राप्ति नहीं हो सकती।"

महाराज कृष्णचन्द्र राय उस सन्त की वाणी सुनकर चकित हो गए। उन्हें यह बात समझ में नहीं आ रही थी कि इस सन्त को यह जानकारी कहाँ से मिली कि वे राजा हैं? सन्त की बातों में छुपे सन्देश को महाराज समझ गए और उनके चरणों में झुकते हुए उन्होंने सन्त से पूछा–"प्रभु आपको यह कैसे पता चला कि मैं राजा हूँ? काशी में मुझे कोई नहीं जानता। जब से यहाँ आया हूँ सामान्य जनों-सा जीवन जी रहा हूँ। मेरे परिधान भी आम नागरिकों की तरह हैं। भोजन भी आम लोगों की तरह मन्दिरों में श्रद्धालुओं की पाँत में बैठकर करता हूँ, फिर भी आपने मुझे 'राजन्!' कहकर सम्बोधित किया?"

सन्त ने महाराज से कहा–"राजन्! परिधान आदि तो बाह्य आवरण हैं। तुम्हारे बैठने, चलने, देखने, बोलने आदि से तुम्हारी आन्तरिक प्रकृति प्रकट होती है। मैंने जीवन में अनेक राज्यों का भ्रमण किया है और पृथ्वी-पालकों से मिला हूँ। मन्दिर में प्रवेश करने के तुम्हारे ढंग में राजसी प्रवृत्ति की पहचान मुझे सहज ही हो गई। इसलिए तुम न तो विस्मित होओ और न ही मुझे प्रज्ञा-चक्षु सम्पन्न कोई सिद्धपुरुष ही समझो। हाँ, मैं आम संसारियों की तरह किसी एक स्थान पर बैठकर धन संचय करने और विभिन्न प्रकार के सांसारिक सुखों का उपभोग करने की प्रवृत्ति से मुक्त हूँ और ईश्वर-लीला को समझने के लिए भ्रमणशील हूँ। तुममें और मुझमें यही अन्तर है।"

महाराज इस सन्त से बहुत प्रभावित हुए और उसके साथ ही सत्संग के लिए बैठ गए। सन्त से महाराज ने पड़ोसी राजा द्वारा कृष्णनगर पर हमला किए जाने की घटना सुनाई तथा कहा कि इस घटना के बाद मेरा मन वितृष्णा से भर उठा। मैं उस राजा से अनुजवत् व्यवहार करता था। मैंने सपने में भी नहीं सोचा था कि वह कृष्णनगर पर कभी आक्रमण भी कर सकता है। यह ठीक है कि उस युद्ध में हमारी सेना विजयी हुई किन्तु यह भी सत्य है कि उस युद्ध में कृष्णनगर के अनेक निर्दोष नागरिक मारे गए। अनेक रमणियाँ विधवा हो गईं और अनेक शिशु अनाथ हो गए। मुझे यही पीड़ा सालती रही है।"

सन्त ने महाराज को समझाया–"इस तरह मन्दिर-मन्दिर घूमते रहने से न तो वे अपनी प्रजा की पीड़ा हर सकते हैं और न आत्मा की शान्ति का कोई साधन प्राप्त कर सकते हैं। उनकी आन्तरिक पीड़ा का मर्म प्रजा की

सुख-शान्ति में निहित है। उनके लिए यही उचित है कि वे कृष्णनगर लौट जाएँ और अपनी प्रजा के बीच रहकर उनके दुख-सुख को समझें। रही बात ईश्वर अराधना की, यह कहीं भी किया जा सकता है। कृष्णनगर में भी धार्मिक अनुष्ठान किए जा सकते हैं जिसके प्रभाव से प्रजा में फिर से खुशहाली व्याप सकती है।"

सन्त की प्रेरणा से महाराज कृष्णनगर लौट आए लेकिन उनका मन वैसा ही रहा। दरबार में जाते तो सेनापति को बुलवाकर कृष्णनगर के सीमान्त क्षेत्रों के बारे में विस्तृत जानकारी लेते। फिर वहाँ से मन्दिर की ओर चले जाते। महाराज का दिन कृष्णनगर की खुशहाली के लिए पूजा-पाठ, व्रत-अनुष्ठान करने-कराने में कट जाता फिर दूसरे दिन महाराज अपनी इसी दिनचर्या में लग जाते।

राज-काज में दिलचस्पी नहीं लेने का प्रभाव कृष्णनगर के विकास पर पड़ने लगा। महाराज ने उसे भी दैवी प्रकोप समझ लिया। कृष्णनगर में विभिन्न तरह के अनुष्ठान आदि कराकर उसकी समृद्धि वापसी का यत्न करने लगे।

महाराज को इस अवस्था में देखकर गोपाल भाँड़ ने निर्णय किया कि अब चाहे महाराज उसे सजा ही क्यों न दें, उन्हें उनके कर्तव्यों की ओर प्रवृत्त करने के लिए जो भी उपक्रम करना पड़े, वह करेगा। अपने इस निश्चय के साथ वह महामंत्री से मिला। महामंत्री वृद्ध थे लेकिन अनुभवी थे।

गोपाल भाँड़ ने उनसे पूछा–"महामंत्री जी! आपको यह तो लगता होगा कि महाराज कर्तव्य-विमुख हो गए हैं?"

महामंत्री ने अपनी स्पष्ट राय व्यक्त की–"जिस राजा के पास अपनी प्रजा का दुख-सुख सुनने का अवकाश नहीं है, वह अपनी प्रजा के प्रति कर्तव्यों का निर्वाह कैसे कर सकता है?"

गोपाल भाँड़ को यह अपेक्षा थी कि महामंत्री अपने विचार स्पष्ट करते समय कोई उलझी हुई बात नहीं करेंगे और ऐसा ही हुआ।

गोपाल ने महामंत्री से कहा–"महामंत्री जी! आप चाहें तो महाराज को उनके कर्तव्य की स्मृति दिलाने में बहुत सहयोग कर सकते हैं। बस, एक दिन मेरे साथ महाराज के पास चलें और मैं महाराज से जो कुछ कहूँ, उसका समर्थन कर दें!"

महामंत्री गोपाल भाँड़ को अच्छी तरह परख चुके थे। उन्हें विश्वास था कि उनसे ऐसी ही बात कहेगा जो राज्यहित में हो। कृष्णनगर और महाराज कृष्णचन्द्र राय की भलाई के लिए गोपाल भाँड़ अपने सामर्थ्य के अनुरूप हर काम कर सकता है जो दूसरे नहीं कर सकते।

दूसरे दिन गोपाल भाँड़ कृष्णनगर के सेनापति से मिला। उसने सेनापति से पूछा–''सेनापति जी! आपको महाराज प्रतिदिन बुलाते हैं और सीमान्त क्षेत्र की सुरक्षा के बारे में सवाल करते हैं। आपको क्या लगता है–एक सेनापति का यही कार्य है? कहीं आपको भी तो ऐसा नहीं लगता कि महाराज शंकालु हो गए हैं और प्रतिपल युद्ध की आशंका से घिरे रहते हैं? यदि उनकी मनोदशा में सुधार नहीं हुआ तो उनकी मानसिकता अधोगति को प्राप्त होगी और इसका दुष्प्रभाव पूरे राज्य पर पड़ेगा...।''

सेनापति ने गोपाल भाँड़ की ओर शंकालु दृष्टि से देखा।

तब गोपाल भाँड़ ने कहा–''सेनापति जी! आप मुझ पर भरोसा कर सकते हैं। मैं यह प्रश्न राज्यहित में कर रहा हूँ। आपका अहित मैं नहीं चाहता। आप मुझे अपने विचारों से अवगत होने दें!''

गोपाल भाँड़ की बातों से सेनाापति आश्वस्त हो गया। उसने कहा–"महाराज के प्रति आपके द्वारा कही गई बातें सत्य हैं। मैं भी इस बात से सहमत हूँ कि महाराज की दिनचर्या में बदलाव नहीं आया तो उनकी मानसिक स्थिति में सुधार कतई सम्भव नहीं है। अभी महाराज की मनोदशा जैसी है, उसमें राज्य के प्रति कर्तव्य-निर्वाह सम्भव नहीं है। स्थिति में सुधार नहीं हुआ तो कृष्णनगर का भगवान ही मालिक है।

गोपाल भाँड़ सेनापति की बातें सुनकर आश्वस्त हुआ और उसने सेनापति से पूछा–''सेनापति जी! आप चाहते हैं कि महाराज स्वस्थ हो जाएँ और पहले की तरह ही राजकाज के संचालन में लग जाएँ?''

सेनापति ने उत्तर दिया–''हाँ! बिलकुल ऐसा ही चाहता हूँ तथा इस बात के लिए भी तत्पर हूँ कि यदि मेरे कुछ करने से महाराज की मनोदशा में सुधार हो सकता है तो मैं अविलम्ब वह कार्य करने के लिए उद्यत हो जाऊँगा मगर मैं विवश हूँ। मुझे नहीं मालूम कि महाराज पुनः कैसे सामान्य हो सकते हैं।''

गोपाल भाँड़ सेनापति की बातें सुनकर प्रसन्न हुआ। उसे अब विश्वास हो गया कि विविध धार्मिक कर्मकांडों में उलझे महाराज कृष्णचन्द्र राय को

फिर से राज्य के प्रति कर्तव्य-पालन में प्रवृत्त करने का उसका उददे्श्य अवश्य पूरा होगा। उसने सेनापति से भी कहा–"सेनापति जी, आप महाराज को सामान्य बनाने में विशिष्ट भूमिका निभा सकते हैं। हाँ, इसके लिए आपको मेरे साथ महाराज के पास चलना होगा। महामंत्री जी भी हमारे साथ होंगे। वहाँ महाराज से मैं जो कुछ भी कहूँ, आप उसका समर्थन कर दें तो स्थितियाँ अनुकूल हो जाएँगी और महाराज में वांछित परिवर्तन स्वतः आ जाएगा, ऐसा मेरा विश्वास है।"

सेनापति ने भी गोपाल भाँड़ को स्वीकृति दे दी कि वह महाराज से जो कुछ भी कहेगा, वे उसका समर्थन करेंगे।

अब गोपाल भाँड़ के सामने सबसे बड़ी समस्या महाराज से मिलने के लिए समय लेने की थी। बहुत प्रयास करने पर तीन दिनों के बाद वह महाराज से मिलने का समय ले पाया। नियत समय पर वह महामंत्री और सेनापति के साथ महाराज के पास पहुँचा।

गोपाल ने महाराज के पास पहुँचते ही शिकायत की–"महाराज! कृष्णनगर के वृद्ध महामंत्री, कृष्णनगर के पराक्रमी सेनापति सहित इस अदना विदूषक ने तीन दिनों की प्रतीक्षा के बाद आपके दर्शन का लाभ पाया है..."

गोपाल आगे कुछ बोलता कि महाराज ने बीच में ही पश्चात्ताप की मुद्रा में कहा–"गोपाल! मैं विवश था। यदि इससे पहले मैं तुमसे मिलने का समय निकालता तो मुझे धार्मिक अनुष्ठान से बीच में ही उठना पड़ता। इस तरह प्रजाहित में हो रहे अनुष्ठान में विघ्न पड़ता। ऐसे भी धर्म का निर्वाह मेरी प्राथमिकता है।"

महाराज की बात सुनकर गोपाल ने महामंत्री और सेनापति की ओर देखा। गोपाल ने उन्हें आँखों-आँखों में ही संकेत किया कि अब वे तैयार रहें...कभी भी समर्थन की आवश्यकता पड़ सकती है। सेनापति और महामंत्री के चेहरे के भाव से गोपाल ने समझ लिया कि वे सचेत हैं। इसलिए उसने कहना शुरू किया–"महाराज! मैं, महामंत्री एवं सेनापति महोदय तीनों ही इस राज्य के प्रति सौंपी गई जिम्मेदारियाँ आपको सौंपने आए हैं। हम तीनों को काशी प्रवास के लिए जाना है। आत्मकल्याण हमारे लिए भी आवश्यक है।"

महाराज कृष्णचन्द्र राय गोपाल की बातें सुनकर हतप्रभ रह गए। महामंत्री ने अनुमान लगा लिया कि उन्हें अब क्या कहना चाहिए– "महाराज, मैं आत्मशुद्धि साधना के निमित्त काशीवास करूँगा। इसका एकमात्र कारण यह है कि मैं एक ऐसे राज्य का महामंत्री हूँ जिसका राजा मन-दो मन घी होम कर प्रजा-पालन के दायित्व से मुक्त होने के अनुष्ठान में लगा हुआ है। राज-धर्म में यह स्थिति अधर्म है और मुझ पर इस अधर्म का प्रभाव पड़े, उससे पहले आत्मशुद्धि का अनुष्ठान करना अब मेरी सबसे बड़ी जरूरत है।"

महाराज जैसे आसमान से गिरे, खजूर पर अटके। उन्हें सूझ नहीं रहा था कि क्या बोलें। महामंत्री उनके राज्य के विद्वान लोगों में शुमार किए जाते थे और उनके पिता के समय से सत्ता के संचालन में सहयोग करते आए थे। कृष्णनगर के राजनयिक सम्बन्धों के बारे में उनसे अधिक कोई नहीं जानता था।

महाराज कुछ बोलें, इससे पहले ही सेनापति ने बातचीत में हस्तक्षेप किया और कहा–"महाराज! इस राज्य क़ी रक्षा करना और प्रजा की देखभाल करना अब आपका ही कर्तव्य होगा। वैसे भी यह कर्तव्य राजा का ही है, सेनापति तो मात्र राजा के कार्य में सहायक होता है। मैं अब जप-तप में लीन हो जाऊँगा। मुझे अब अपने परलोक की भी चिन्ता है।"

महाराज पर इन बातों का ऐसा प्रभाव पड़ा कि वे जड़वत् हो गए। फिर उन्होंने कहा–"आप लोग कुछ दिन रुक जाएँ। धर्म इस राज्य का मूलाधार है। मैं धर्म-कर्म में लगा हुआ हूँ। मुझे आप लोग अपना सहयोग दें और इस तरह कर्तव्य-विमुख न हों!"

महाराज ने जैसे ही अपनी बात समाप्त की कि गोपाल भाँड़ ने कहना शुरू कर दिया–"महाराज! किसी भी व्यक्ति ने जिस चीज को हृदयंगम कर लिया, वही उसके लिए धर्म है। इसलिए धर्म विद्वानों के लिए भी है और मूर्खों के लिए भी। दायित्वों का निर्वाह भी धर्म ही है। अपने दायित्वों से विमुख व्यक्ति पूजा-पाठ, जप-अनुष्ठान आदि करके अपने धर्म का पालन नहीं कर सकता।"

महाराज कृष्णचन्द्र को गोपाल की बातें समझ में आ गईं। वे हर्षित मन से उठे और गोपाल भाँड़ को अपने गले से लगाते हुए बोले–"गोपाल! तूने

मेरी आँखें खोल दीं। तुम्हें कहीं भी जाने की आवश्यकता नहीं। तुम रहो ताकि कभी भी मैं अपने कर्तव्य पथ से डिगूँ तो मुझे ऐसे ही सँभाल लेना जैसे आज सँभाला है।" फिर महाराज़ ने महामंत्री और सेनापति से कहा– "मैं आप लोगों का आभारी हूँ। आप लोग अब काशीवास का निर्णय त्याग दें तथा कल से दरबार का काम-काज सुचारु रूप से चलाने में मेरी मदद के लिए वैसे ही तत्पर रहें जैसे कि पहले रहा करते थे।"

गोपाल भाँड़ महामंत्री और सेनापति के साथ प्रसन्नतापूर्वक महाराज से विदा लेकर लौट आया।

कुछ दिनों में ही कृष्णनगर की हालत सुधर गई। लोग पहले की तरह ही रास-रंग, आमोद-प्रमोद, हास-विलास से भरी जिन्दगी जीने लगे।

पूरी हुई तारों की गिनती

कृष्णनगर और मुर्शिदाबाद के बीच व्यावसायिक सम्बन्ध थे। कई तरह की दैनिक आवश्यकता की चीजों के लिए दोनों राज्य एक-दूसरे पर निर्भर थे। मुर्शिदाबाद में उन्नत किस्म के चावल का उत्पादन होता था। कृष्णनगर अपने दलहन उत्पादन की विशिष्ट क्षमता के लिए अपनी अलग पहचान रखता था। मिट्टी के बर्तन भी कृष्णनगर में बनते थे। मुर्शिदाबाद में ताँबा और लोहे से घरेलू उपयोग की चीजें बनती थीं। यही कारण था कि दोनों राज्यों के बीच बेहतर राजनयिक सम्बन्ध थे। जब महाराज कृष्णचन्द्र राय के पिता ने अपने पुत्र को गद्दी सौंपी तब उन्होंने यह नसीहत भी दी–"बेटे, मुर्शिदाबाद के नवाब के साथ अपने सम्बन्ध बनाए रखना। हमेशा ध्यान रखना कि उसके साथ तुम्हारे सम्बन्धों में कभी कोई तिक्तता नहीं आए। तुम्हारे राज्य के नागरिकों की खुशहाली के लिए यह जरूरी है कि उनकी आर्थिक स्थिति अच्छी रहे। इस राज्य के कृषकों और शिल्पकारों की आय का एक महत्त्वपूर्ण जरिया मुर्शिदाबाद है। मुर्शिदाबाद से तुम्हारे राज्य में लोहे की बनी चीजें आती हैं जिसकी जरूरत और खपत कम है क्योंकि एक बार इन वस्तुओं की खरीदारी कर लेने के बाद वर्षों इन्हें दोबारा खरीदने की आवश्यकता नहीं होती। कृष्णनगर में बने मिट्टी के बर्तनों का बड़ा बाजार मुर्शिदाबाद ही है जिससे होनेवाली आय से तुम्हारी पच्चीस-तीस प्रतिशत आबादी का भरण-पोषण होता है।"

कृष्णनगर की गद्दी मिलने के बाद महाराज कृष्णचन्द्र राय को जल्दी ही समझ में आ गया कि मुर्शिदाबाद का नवाब 'अक्ल का अन्धा और गाँठ का पूरा' है। परले दर्जे का सनकी! उसके साथ सम्बन्ध बनाए रखने के लिए बहुत सारी बातों को नजरअन्दाज करना होगा।

नवाब मुर्शिदाबाद अनेक कारणों से महाराज कृष्णचन्द्र राय से सम्पर्क

करते रहते थे। इनमें से अधिकांश बौद्धिक कारण होते थे। अनेक व्यावहारिक पहलुओं पर भी नवाब को महाराज के परामर्शों की आवश्यकता पड़ती थी। जब कभी भी नवाब किसी वैचारिक उलझन में पड़ता तो अपने दूत को भेजकर महाराज से उस उलझन से निकलने का रास्ता जान लेता। हाल के दिनों में नवाब में विद्वान बनने की सनक समा गई थी। उसके मन में अनेक कौतूहलपूर्ण सवाल पैदा होते थे। एक दिन नवाब दरबार में बैठा था, उसके आस-पास उसके चाटुकार खवास ही थे। शेष सभी जा चुके थे। नवाब ने अपने एक खवास से पूछा–''अल कबीर, बता, कोई ऐसी राज की बात, जो सबको चौंका दे।''

खवास ने जवाब दिया–''हुजूर! खुदा झूठ न बुलवाए! आप जैसे जानकार नवाब से दुनिया की कोई भी बात राज रह नहीं सकती। आप जैसे ज्ञानी नवाब को मैं नाचीज कोई ऐसी बात कहाँ से बता सकता हूँ कि वह दुनिया को चौंका दे! यह काम तो कोई जानकार बन्दा ही कर सकता है जो जानता हो कि खुदा ने यह कायनात, यह जमीं, आसमाँ क्यों बनाया, जमीं पे दरिया और समन्दर, आसमान पे चाँद, तारे और सितारे क्यों जड़े! हुजूर! ऐसी राज की बात जो सबको चौंका दे, ऐसा ही इनसान बयाँ कर सकता है जिसको...!''

अल कबीर अपनी बात पूरी भी नहीं कर पाया था कि नवाब ने गुस्से में कहा–''खामोश! मैंने तुमसे कोई राज की बात पूछी और तू है कि लगातार बकवास किए जा रहा है! जा, दफा हो जा!...जहाँ मौका मिला, वहीं चापलूसी करने लगेगा!''

नवाब ने दूसरे खवासों से पूछा।

सभी खवास जानते और मानते थे कि अल कबीर बहुत चालाक किस्म का इनसान है। यदि उसने नवाब को कोई सीधी बात नहीं बताई तो इसका यही मतलब है कि नवाब को इस सन्दर्भ में कोई भी सीधी बात बताने में किसी की भलाई नहीं है। इसलिए नवाब ने जिससे भी पूछा, उसने यही कहा–''हुजूर! अल कबीर ठीक ही कह रहा था।''

नवाब ने सबको डाँटकर भगा दिया। अन्त में नवाब अपने आसन से उठकर अपने कक्ष में चला गया। अपने कक्ष में दीवान पर मसनद के सहारे लेटकर नवाब ने सोचना शुरू किया–'आखिर अल कबीर ने ऐसा क्या कहा कि सभी खवास यह मानने लगे कि वह सच कह रहा था?'

नवाब ने अपने दिमाग पर जोर दिया तो उसे याद हो आया कि अल कबीर ने जो कुछ कहा, उसका लब्बोलुआब यही था कि ऐसा व्यक्ति ही कोई राज की बात बता सकता है, जो यह जानता हो कि आसमान और जमीन, चाँद-सूरज और सितारे अल्लाह ने किसलिए बनाए। यह सोचते-सोचते ही उसे स्मरण हो आया कि चाँद-सूरज और सितारों की गति की गणना पर ही ज्योतिष विद्या टिकी हुई है और इस विद्या में पारंगत पंडितों की भरमार कृष्णनगर में है।

उसे याद आया कि एक बार किसी कारण से मुर्शिदाबाद में महाराज कृष्णचन्द्र राय ने एक ज्ञानी पंडित को भेजा था–'षट्रंग पुराण वाले ज्ञानी को...!' नवाब ने फिर सोचा कि सीधे कोई राज की बात पूछना भी तो ठीक नहीं...इससे अच्छा है कि कोई ऐसा सवाल पूछा जाए, जिसका उत्तर आसान न हो। अपनी इस सूझ पर नवाब मन-ही-मन बहुत प्रसन्न हुआ, और अब वह सवाल के बारे में सोचने लगा। सूरज, चाँद, सितारे की चर्चा कई बार आने के कारण नवाब के दिमाग में ये शब्द गूँज रहे थे। अचानक उसे सवाल सूझ गया कि आसमान में एक सूरज और एक चाँद है मगर सितारे कितने हैं? दिमाग में प्रश्न कौंधते ही नवाब बच्चों की तरह खुशी से मचल उठा।

दूसरे ही दिन नवाब ने महाराज कृष्णचन्द्र के दरबार में अपने दूत को एक पत्र के साथ भेज दिया।

महाराज कृष्णचन्द्र अपने दरबार में बैठे हुए थे। उन्हें द्वारपाल ने आकर सूचित किया–"मुर्शिदाबाद के नवाब का सन्देश लेकर एक दूत आया है और महाराज से मिलने की अनुमति चाहता है।"

महाराज ने दूत को अतिथिशाला में ठहराने का निर्देश देकर द्वारपाल को भेज दिया।

दरबार का काम-काज जब उस दिन सम्पन्न हो गया तब महाराज ने गोपाल भाँड़ को निर्देश दिया कि दरबारियों के विदा हो जाने के बाद, वह उनसे उनके कक्ष में मिले। मुर्शिदाबाद से दूत आने की खबर से महाराज चिन्तित हो गए थे। उन्हें आशंका थी कि मुर्शिदाबाद का नवाब सनकी है। फिर किसी सनक का शिकार होकर कहीं उसने कोई नई उलझन न भेज दी हो!

महाराज के अपने कक्ष में जाने के थोड़ी देर बाद ही गोपाल भाँड़ उनके पास पहुँच गया। महाराज कृष्णचन्द्र ने उसे मुर्शिदाबाद नवाब के दूत के कृष्णनगर आने की सूचना दी तथा अपनी आशंका बताई।

गोपाल भाँड़ ने अपनी सहज-स्वाभाविक मुस्कान के साथ महाराज से कहा–"महाराज, आप चिन्ता न करें! यदि नवाब ने फिर कोई सनक-भरी बात की तो उसका उत्तर भी उसे दे दिया जाएगा। आप निश्चिन्त रहें।"

गोपाल के इस आश्वासन पर महाराज को थोड़ी राहत तो मिली मगर वे पूरी तरह चिन्तामुक्त नहीं हो पाए।

दूसरे दिन दरबार लगा महाराज ने दूत को दरबार में उपस्थित करने का निर्देश दिया। उस समय गोपाल भाँड़ दरबार में उपस्थित था।

दूत दरबार में आया और मुर्शिदाबाद के नवाब का पत्र महाराज कृष्णचन्द्र राय को दिया। महाराज ने पत्र स्वयं पढ़ा और गोपाल भाँड़ को बुलाकर पत्र उसे सौंप दिया। गोपाल भाँड़ ने पत्र पढ़ने के बाद दूत को निर्देश दिया–"बन्धुवर! आज आप कृष्णनगर का भ्रमण करें। यहाँ के रमणीय स्थलों का आनन्द उठाएँ। इसका प्रबन्ध मैं अभी तुरन्त करवा देता हूँ। कल प्रातः आपको नवाब साहब के लिए महाराज का सन्देश प्राप्त हो जाएगा।"

गोपाल के निर्देश पर उस दूत के भ्रमण आदि की व्यवस्था हो गई और दूत दरबार से विदा हो गया।

दरबार के समापन के बाद महाराज अपने कक्ष में गए तथा वहाँ गोपाल को बुलवा लिया। गोपाल से उन्होंने पूछा–"मुर्शिदाबाद के नवाब को क्या सन्देश भेजना है?"

गोपाल ने कहा–"महाराज! मुर्शिदाबाद के नवाब ने यही पूछा है न कि 'आसमान में कितने तारे हैं?'...उन्हें आप सन्देश भेजें कि हमने ज्योतिषियों से विचार-विमर्श किया है। महापंडित गोपालाचार्य का कहना है कि इसके लिए बृहत् गणना कार्य सम्पन्न कराना होगा तथा इस कार्य में छह माह का समय लगेगा और कम से कम एक सहस्र स्वर्णमुद्राओं का व्यय आएगा। ये स्वर्णमुद्राएँ अग्रिम भेजी जानी चाहिए क्योंकि इनका उपयोग गणना में काम आनेवाले उपकरणों के निर्माण पर होगा।"

महाराज चकित और भ्रमित से गोपाल भाँड़ की ओर देखने लगे। महाराज के मन में उठ रही आशंकाओं को गोपाल समझ रहा था। उसने महाराज से कहा–''महाराज! आप शंकामुक्त रहें। मैंने जैसा कहा है, वैसा ही पत्र नवाब को भेज दें!''

''और यदि नवाब ने एक सहस्र स्वर्णमुद्राएँ भेज दीं तब तुम क्या करोगे?'' महाराज ने सशंकित होकर गोपाल से पूछा।

हँसते हुए गोपाल ने उत्तर दिया–"छह माह आमोद-प्रमोद, लास-विलास का जीवन जीते हुए अपनी अपूरित इच्छाओं को तृप्त करूँगा और फिर नवाब को उसके गूढ़ प्रश्न का उत्तर दे आऊँगा।''

महाराज के मन की शंकाओं का पूर्णतः निवारण नहीं हो पाया इसलिए वे पुनः भ्रमित से बोलने लगे–''गोपाल! कहीं कोई उलझन न पैदा हो जाए!''

गोपाल ने कहा–''महाराज! आप पत्र लिख दें। नवाब की परवाह न करें। जो होगा–मैं निपट लूँगा।''

महाराज ने पत्र तैयार करवाया और उसी दूत के माध्यम से नवाब के पास भेज दिया।

इसके कुछ दिन बाद ही नवाब का वही दूत पुनः कृष्णनगर आया। उसने नवाब मुर्शिदाबाद का एक पत्र तथा एक सहस्र स्वर्णमुद्राओं की थैली महाराज को सौंपी। महाराज ने पत्र पढ़ा तो उनके पाँव के नीचे से जमीन खिसकती महसूस हुई। गोपाल भाँड़ उस समय दरबार में उपस्थित था। महाराज दूत को आसन पर बैठने का निर्देश देकर अपने मंत्रणा कक्ष में चले आए और प्रहरी से गोपाल भाँड़ को बुलाने के लिए कहा।

महाराज का सन्देश मिलते ही गोपाल भाँड़ उनके पास पहुँच गया। महाराज को चिन्तातुर देखकर गोपाल ने पूछा–''महाराज! क्या बात है? आप इतने परेशान से क्यों हैं?''

महाराज ने नवाब मुर्शिदाबाद का पत्र गोपाल की ओर बढ़ा दिया।

गोपाल ने पत्र महाराज से ले लिया और पढ़ने लगा। पत्र में लिखा था–'महाराज कृष्णचन्द्र राय! मैं नवाब मुर्शिदाबाद आपको एक सहस्र स्वर्णमुद्राएँ भेज रहा हूँ। इनसे आपके ज्योतिषीगण आवश्यक उपकरणों का निर्माण कराएँ ताकि आसमान के तारों का गिनती का कार्य यथाशीघ्र सम्पन्न हो सके। इस कार्य पर यदि और अधिक व्यय होनेवाला हो तो भी कार्य जारी रखें। धन

की परवाह न करें। आवश्यकता पड़ने पर आवश्यकतानुसार स्वर्णमुद्राएँ भेज दी जाएँगी।' पत्र में आगे यह भी लिखा था–'महाराज! आपके ज्योतिषीगण जब तारों की गिनती के कार्य में लगें तब उनसे यह जानने के लिए भी कहें कि पृथ्वी कितनी लम्बी और कितनी चौड़ी है?'

पत्र में नवाब द्वारा जोड़ी गई इसी समस्या के कारण महाराज चिन्तित हैं, इस बात का अनुमान गोपाल भाँड़ को सहज ही हो गया।

गोपाल भाँड़ ने महाराज को पत्र लौटाते हुए कहा–"महाराज! चिन्ता की कोई बात नहीं है। आप इस पत्र का उत्तर लिखवाएँ। पत्रोत्तर में यह बात लिखी जानी चाहिए कि नवाब मुर्शिदाबाद! आपके द्वारा भेजी गई एक सहस्र स्वर्णमुद्राएँ प्राप्त हो गईं। हमारे ज्योतिषियों का कहना है कि सितारों की गिनती पर आनेवाले खर्च का आकलन उन्होंने जब किया था तब उपकरणों के निर्माण में उपयोग में लाई जानेवाली चीजों की कीमतें कम थीं। अब उन चीजों की कीमतें बढ़ गई हैं इसलिए पाँच सौ स्वर्णमुद्राएँ सितारों की गिनती के लिए और भेजें। पृथ्वी की लम्बाई और चौड़ाई जानने के लिए आपको दूसरे किस्म के उपकरणों का निर्माण कराना होगा। हमारे ज्योतिषी इस उपकरण का निर्माण कराकर आपकी इस समस्या का समाधान करने को तैयार हैं, लेकिन इस उपकरण के निर्माण पर अलग से छह माह का समय और पन्द्रह सौ स्वर्णमुद्राओं की आवश्यकता होगी। इस कार्य के लिए आवश्यक धनराशि उपलब्ध होते ही कार्यारम्भ हो जाएगा। अब आप जैसा चाहें, वैसा निर्णय लें!"

महाराज ने गोपाल की ओर देखते हुए चिन्तित स्वर में कहा–"गोपाल! कहीं कोई गड़बड़ न हो जाए!"

"महाराज! कोई गड़बड़ी नहीं होगी। आप निश्चिन्त रहें।" गोपाल ने हँसते हुए उत्तर दिया।

महाराज कृष्णचन्द्र राय ने नवाब मुर्शिदाबाद के लिए गोपाल के कहे अनुसार पत्र बनवा दिया और दूसरे दिन वह पत्र दूत को सौंपकर उसे विदा किया।

एक सप्ताह के अन्दर ही दूत और दो सहस्र स्वर्णमुद्राओं के साथ महाराज के दरबार में उपस्थित हुआ तथा मुद्राओं की थैली तथा नवाब मुर्शिदाबाद का पत्र महाराज को सौंपा।

नवाब मुर्शिदाबाद ने लिखा था–'महाराज कृष्णचन्द्र राय! आप सितारों की गिनती और पृथ्वी की माप का कार्य यथाशीघ्र आरम्भ कराएँ। यदि और अधिक धन की आवश्यकता इस कार्य के लिए पड़ी तो सूचित करें, धन आपको उपलब्ध करा दिया जाएगा। यदि कार्य समय पर सम्पन्न हो जाए तो उत्तम है!'

महाराज ने धन और पत्र दोनों ही गोपाल को सौंप दिये। गोपाल ने पत्र पढ़ा। महाराज को देखकर मुस्कुराया। बोला–"महाराज! आप नवाब को उत्तर भेजें–'आपने जैसा चाहा है–वैसा हो, यह प्रयास हमारा होगा। हमारे ज्योतिषी अपने कार्य में लग गए हैं।"

महाराज ने वैसा ही किया, जैसा गोपाल ने चाहा था। दूत को पत्र देकर विदा करने के बाद महाराज ने गोपाल से पूछा–"अब क्या होगा गोपाल? तुमने ये तीन सहस्र स्वर्णमुद्राएँ नवाब से मँगा ली हैं, सितारों की संख्या और धरती की लम्बाई-चौड़ाई बताने के लिए हामी भर चुके हो। मेरी समझ में नहीं आता कि साल भर के बाद तुम इन प्रश्नों का उत्तर कैसे दोगे?"

"महाराज! यह मेरी समस्या है। इसको लेकर आप परेशान क्यों होते हैं? अभी तो आप मुझे एक साल की छुट्टी दें। इस एक साल में मैं अपने आमोद-प्रमोद, बन्धु-बान्धव आदि के लिए इन तीन सहस्र स्वर्णमुद्राओं का उपयोग करूँगा, फिर नवाब को इन प्रश्नों का उत्तर देकर उसे सन्तुष्ट करने के बाद ही आपके सम्मुख उपस्थित होऊँगा।" गोपाल ने महाराज से कहा।

गोपाल की बात सुनकर महाराज चौंके। मगर उनके पास और कोई चारा नहीं था इसलिए उन्होंने धीरे से कहा–"ठीक है गोपाल! जैसा चाहो, वैसा करो।"

छः माह व्यतीत हो जाने पर नवाब मुर्शिदाबाद ने सन्देश भेजा। वही दूत महाराज कृष्णचन्द्र राय के दरबार में नवाब का पत्र लेकर उपस्थित हुआ। पत्र में पूछा गया था–'सितारों की गिनती का काम तो अवश्य ही पूरा हो गया होगा! यथाशीघ्र सूचित करें।'

पत्र पाते ही महाराज कृष्णचन्द्र राय के दिल की धड़कन तेज हो गई। इस बीच गोपाल भाँड़ न तो कभी उनसे मिलने आया और न ही उन्होंने

उसे बुलवाया। वे अपने राज-काज में इतने व्यस्त रहे कि नवाब मुर्शिदाबाद वाली समस्या का कभी खयाल भी नहीं आया। महाराज करते भी तो क्या? उन्होंने दूत को अतिथिशाला में ठहरने की व्यवस्था करा दी और गोपाल भाँड़ को महल में उपस्थित होने का निर्देश भिजवाया।

शाम को गोपाल भाँड़, महाराज से मिलने राजमहल पहुँचा। महाराज ने उसे नवाब मुर्शिदाबाद द्वारा भेजे गए पत्र की जानकारी दी।

गोपाल भाँड़ ने कहा–"महाराज! आप नवाब को सन्देश भेज दें कि इससे पहले के पत्र में हमने स्पष्ट बताया था कि तारों की गिनती और पृथ्वी की माप दो अलग किस्म के कार्य हैं तथा पृथ्वी की माप के लिए पृथक् छः माह का समय लग सकता है। अभी दोनों कार्य साथ-साथ चल रहे हैं इसलिए इसमें कम से कम छः माह का समय और लगेगा। काम समय पर पूरा हो जाए इसके लिए कुछ अन्य विद्वानों और गणकों का सहयोग लेने की आवश्यकता महसूस की जा रही है जिस पर एक सहस्र स्वर्णमुद्राएँ और व्यय हो जाएँगी। हम इस आवश्यकता की सूचना आपको देने ही वाले थे कि आपका दूत यहाँ पहुँच गया। यह अच्छा ही हुआ। आप कृपा कर एक सहस्र स्वणमुद्राएँ और भेज दें। धन की आवश्यकता पूरी होते ही गणना कार्य में आवश्यकतानुसार गणकों की संख्या बढ़ा दी जाएगी।"

महाराज अपने जीवन में पहली बार स्वयं को किसी मामले में बहुत असहाय अनुभव कर रहे थे। उन्हें वही करना पड़ रहा था जो गोपाल चाहता था। गोपाल के कहे अनुसार महाराज ने पत्र तैयार कराया और उसे मुर्शिदाबाद के दूत को देकर नवाब के पास भेज दिया।

मुर्शिदाबाद के नवाब ने तत्काल ही एक सहस्र स्वर्णमुद्राएँ और भेज दीं। इसके साथ ही यह निर्देश भी भेजा कि हर हाल में कार्य एक साल पूरा होते-होते सम्पन्न हो जाना चाहिए।

महाराज ने मुर्शिदाबाद के नवाब का निर्देश गोपाल को बता दिया। गोपाल अपनी मस्ती में था। एक हजार स्वर्णमुद्राएँ पुनः उसे प्राप्त हो गई थीं। गोपाल के दिन परिजनों, परिचितों से मिलने-मिलाने, रम्य प्रदेशों की यात्रा करने और हास-विलास आदि में व्यतीत हो रहे थे। उसे न पैसे की चिन्ता थी और न दरबार में समय पर उपस्थित होने की।

इस घटना के अभी छः माह नहीं हुए थे कि एक दिन गोपाल महाराज

से मिलने के लिए उनके महल में गया और कहा–"महाराज! आप यथाशीघ्र नवाब मुर्शिदाबाद को सूचित करें कि तारों की गिनती और पृथ्वी की माप का कार्य पूरा हो गया है तथा हमारे राज्य के महापंडित गोपालाचार्य सम्पूर्ण गणना के साथ शीघ्र ही आपकी सेवा में उपस्थित होंगे। कृपया प्रतीक्षा करें!"

महाराज ने पूछा–"क्या, सच।"

गोपाल ने कहा–"यह सन्देश नवाब के लिए भेज दें। नवाब से मिलकर लौटने के बाद मैं आपको बता दूँगा–क्या सच है।"

महाराज समझ गए कि गोपाल अभी कुछ बताना नहीं चाहता। इसलिए उन्होंने गोपाल ने जैसा कहा था, वैसा सन्देश मुर्शिदाबाद के नवाब के पास भेज दिया।

मुर्शिदाबाद में एक अजब माहौल! एक स्थूलकाय व्यक्ति घोड़े पर सवार है और अपने साथ सैंतीस बैलगाड़ियाँ, पचास हाथियोंवाले रथ और पचास अश्व-रथ लिये राज्य के मुख्य मार्ग से मन्थर गति से गुजर रहा है जिसके कारण मुख्य मार्ग अवरुद्ध हो गया है। रथों पर रस्सियों के बड़े-बड़े गोले लदे हैं और बैलगाड़ियों पर भेड़ें हैं। कुछ छोटी और कुछ बड़ी, तो कुछ मझोली। कुछ सफेद, कुछ चितकबरी।

मुर्शिदाबाद के नवाब के समक्ष जब इस मंजर का खुलासा किया गया तो नवाब गुस्से में आ गया और बौखलाकर अपने सेनापति को यह कहकर भेजा कि जाओ और हमारे आवाम में बेवजह खलबली मचाने की जुर्रत करनेवाले इस शख्स के बारे में पता करो कि वह कौन है, कहाँ से आया है और क्या चाहता है।

चूँकि नवाब ने उसके साथ के असबाब के बारे में सुन लिया था इसलिए वह इतना समझ गया था कि कोई साधारण आदमी नहीं है...इतने घोड़े, हाथियों के साथ तो राजा-महाराजा ही चल सकते हैं।

दरअसल इन घोड़े-हाथियों वाले वाहनों के साथ कृष्णनगर से गोपाल भाँड़ आया हुआ था। महाराज से उसने मुर्शिदाबाद आने से पहले ये घोड़े-हाथी माँग लिये थे जिनका उपयोग वाहनों में किया गया था। वह शानदार

घोड़ा, जिस पर गोपाल सवार था, महाराज कृष्णचन्द्र राय की घुड़साल का सबसे तन्दुरुस्त घोड़ा था।

जब नवाब के निर्देश पर उसका सेनापति गोपाल भाँड़ के पास पहुँचा तो उसने उसे देखकर कुछ ऐसा चेहरा बनाया मानो कोई तुच्छ प्राणी उसके सामने हो! सेनापति ने देखा कि उसके समक्ष जो घुड़सवार है, वह वेशभूषा से बहुत सम्पन्न, कुलीन और विद्वान प्रतीत होता है इसलिए उसने गोपाल भाँड़ के घोड़े के साथ-साथ अपना घोड़ा मन्थर गति से दौड़ाते हुए पूछा–"महाशय! मैं नवाब मुर्शिदाबाद का सेनापति यह जानने के लिए प्रस्तुत हुआ हूँ कि आप कौन हैं और मुर्शिदाबाद में आपके प्रवेश का प्रयोजन क्या है?"

गोपाल भाँड़ को जैसे मनमाँगी मुराद मिल गई। उसने कहा–"सेनापति महोदय! आप नवाब मुर्शिदाबाद को सूचित करें कि मैं पंडित गोपालाचार्य, उनके सवालों का जवाब लेकर कृष्णनगर से भेजा गया महाराज कृष्णचन्द्र राय का दूत हूँ। मेरे वाहनों को सुरक्षित लगवाने की व्यवस्था, घोड़ों, हाथियों, बैलों को चारा देने, उनके स्नान-विश्राम के लिए उचित स्थान की व्यवस्था तथा मेरे विश्राम की व्यवस्था वे यथाशीघ्र करा दें। मैं विश्राम करने के बाद उचित समय पर उनसे मिलकर उनके प्रश्नों का जवाब उन्हें दूँगा। सारे जवाब प्रमाणसहित उन्हें मिल जाएँ, इसके लिए मैं हर तरह का इन्तजाम करके आया हूँ।"

नवाब को जब सेनापति ने सूचना दी तब उसकी खुशी का ठिकाना नहीं रहा। उसने सेनापति को भेजकर महामंत्री को बुलवाया। महामंत्री को जब गोपालाचार्य के साथ के असबाबों की जानकारी मिली तब वे परेशान हो गए। अन्ततः निर्णय लिया गया कि सैनिकों की छावनी को खाली कराकर उसमें गोपाल के अश्वों, गजों और बैलों के रहने की व्यवस्था की जाए तथा उनके लिए उपयुक्त चारे की व्यवस्था की जाए। भेड़ों को तो मैदान में भी बाँधा जा सकता है। सेनापति के भव्य महल में 'गोपालाचार्य' के विश्राम की व्यवस्था हुई।

नवाब ने जब 'पंडित गोपालाचार्य के दर्शन' की इच्छा व्यक्त की तब गोपाल ने उन्हें कहला भेजा–'उचित और शुभ मुहूर्त में वे स्वयं नवाब से सम्पर्क कर लेंगे।'

नवाब ने किसी तरह अपनी उत्सुकता पर नियंत्रण किया। नवाब के लिए एक-एक पल कठिन हो रहा था क्योंकि उसे विश्वास हो गया था कि गोपालाचार्य से मिलनेवाली जानकारियों से वह जल्दी ही महफिलों में विद्वान के रूप में चर्चित हो जाएगा।

नवाब मन-ही-मन कई तरह की योजना बना रहा था।

कई दिन बीत गए लेकिन नवाब को गोपाल ने कोई सूचना नहीं भेजी। अपनी उत्सुकता नहीं रोक पाने के कारण एक दिन स्वयं नवाब ने महापंडित गोपालाचार्य के पास अपने सन्देशवाहक को भेजकर यह जानना चाहा कि गोपालाचार्य नवाब को कब दर्शन देंगे।

गोपाल ने दूत से कहा कि नवाब साहब से कहना कि इस तरह की जिज्ञासाओं के लिए उन्हें उचित व्यक्ति को ही भेजना चाहिए।

नवाब ने फिर महामंत्री को भेजा। महामंत्री गोपालाचार्य के व्यक्तित्व से प्रभावित था इसलिए बहुत संक्षेप में गोपाल से जानना चाहा कि गोपाल नवाब को कब दर्शन देंगे।

गोपाल कागजों का एक बृहद् पुलिन्दा निकाला उसे बारी-बारी से खोलता जाता और कुछ बुदबुदाने लगता। घंटे-डेढ़ घंटे के बाद गोपाल ने महामंत्री से कहा–"नवाब साहब से कहें कि अभी वे प्रतीक्षा करें। मैं स्वयं उनसे मिलने का समय निर्धारित कर उन्हें सूचित करूँगा। इस सन्दर्भ में मेरे पास किसी को भेजने की आवश्यकता नहीं है। मैं तारों की गणना की जाँच में व्यस्त हूँ।"

नवाब को जब 'महापंडित गोपालाचार्य' का सन्देश महामंत्री ने दिया तब नवाब बहुत खिन्न हो गया।

कई दिन और गुजर गए। महापंडित गोपालाचार्य की ओर से कोई सन्देश नहीं मिलने के कारण नवाब मन-ही-मन खीज उठा।

एक दिन जब नवाब अपने दरबार पहुँचा तो द्वारपाल ने आकर उसे बताया कि महापंडित गोपालाचार्य उनसे मिलने आए हैं तथा अपनी बैलगाड़ी के साथ दरबार में प्रवेश की इजाजत चाहते हैं। द्वारपाल ने बताया कि बैलगाड़ी पर कागजों का एक बहुत बड़ा गोला रखा हुआ है।

नवाब ने आज्ञा दे दी।

गोपाल अपने अलमस्त अन्दाज में बैलगाड़ी के साथ दरबार के

बीचोबीच आकर खड़ा हुआ और नवाब का अभिवादन करते हुए कहा– ''महापंडित गोपालाचार्य की प्रज्ञाचक्षु ने आपके भीतर की क्षमताओं को देखा है। नवाब साहब! शीघ्र ही आपकी कीर्ति की धूम चतुर्दिक् मच जाएगी। आपके जीवनपर्यन्त तथा जीवन के बाद भी नवाब मुर्शिदाबाद के कारनामों की चर्चा होगी। यह सच है। वैसा ही जैसा कि सच यह है कि आप मेरे सामने हैं और मेरे कथन को सुन रहे हैं।''

एक महापंडित द्वारा कही गई इन बातों को सुनकर नवाब बहुत खुश हुआ और महापंडित गोपालाचार्य को दोनों हाथ जोड़कर नमस्कार किया। इससे पहले इस नवाब को किसी ने किसी को भी प्रणाम करते नहीं देखा था।

फिर महापंडित ने कहना शुरू किया–''मैं और मेरे शिष्यों ने महाराज कृष्णचन्द्र राय के निर्देश पर पृथ्वी की लम्बाई-चौड़ाई की माप तथा तारों की गणना की है।...और आज महाराज के निर्देश पर ही मैं आपके दरबार में अपनी गणना का लेखा-जोखा और प्रमाण लेकर उपस्थित हुआ हूँ। कृपया बैलगाड़ी पर लदे कागज को उतरवाएँ ताकि सितारों की ब्योरेवार गणना बताई जा सके...।''

नवाब कागज के उस बृहद् पुलिन्दे को देखकर घबरा गया। उसने कहा–''पंडित जी! आप यूँ ही बता दें।''

गोपाल ने गर्व के साथ नवाब की ओर देखते हुए कहा–''नवाब साहब! आप देखने में ज्ञानी और विश्व की सूक्ष्म चीजों के अन्वेषी प्रतीत होते हैं इसलिए मैं गणना का संक्षिप्त सार प्रकट कर रहा हूँ। आकाश के सम्पूर्ण तारों की संख्या तो बाद में बताऊँगा, पहले आप यह जान लें कि आकाश में उनतालीस परार्ध, सात मध्य, सात अन्त्य, तीन जलधि, आठ शंकु, दो महापद्म और तीन निखर्व किस्म के तारे हैं।"

नवाब संख्या के नामों को सुनकर घबरा गया और पूछा–''यह परार्ध, मध्य, अन्त्य, जलधि, शंकु, महापद्म और निखर्व क्या हैं?"

गोपाल ने मासूमियत से कहा–"ये तो संख्याओं के जानने के विभिन्न पैमाने हैं। जैसे एक, दस, सौ, हजार आदि होते हैं, वैसे ही परार्ध, मध्य, अन्त्य, जलधि, शंकु आदि। एक परार्द्ध का मतलब है–एक पर सत्रह शून्य की संख्या यानी–100000000000000000। कहें तो अन्य संख्या-संज्ञाओं को सूत्र रूप में व्याख्यायित करूँ!"

नवाब ने कहा–"नहीं-नहीं, पंडित जी! रहने दें। यह गणित मुझे नहीं सीखना। आप तारों की संख्या बताएँ।"

गोपाल ने अपने पास से एक बड़े से कागज का टुकड़ा निकाला और उसे खोलकर पढ़ना शुरू किया–"आकाश में तिरानबे अब्ज, तिहत्तर अर्बुद-परार्ध बृहद् तारे, तेईस करोड़ अन्त्य, परार्ध मध्यम गति के तारे और...।"

नवाब का दिमाग सुन्न सा हो गया। उसने घबराकर कहा–"नहीं-नहीं, पंडित जी...अब रहने दो अपनी गणना। मत बताओ कुछ...!"

गोपाल ने मुस्कुराते हुए कहा–"नवाब साहब! मैं इस गणना का आधार और गणना पद्धति समझाने के सारे सूत्र लिखकर इस बैलगाड़ी पर लादकर लाया हूँ। आप थोड़ा धैर्य से काम लें। एक वर्ष तक डेढ़ हजार पंडितों द्वारा यह लेखा-जोखा प्रामाणिक अध्ययनों और प्रमाणों के साथ हासिल किया गया है...बस, कुछ घंटों में ही मैं यह बृहद् गणित और गणना आपको समझा दूँगा। बाहर भेड़ों से लदी गाड़ियाँ आपकी प्रतीक्षा कर रही हैं। दूत सभी भेड़ों के एक-एक रोएँ आसमान के तारों की गणना का प्रमाण प्रस्तुत करेंगे।"

नवाब के लिए गोपाल को सुनना और समझना मुश्किल हो रहा था। उसने अपने पास से एक सहस्त्र स्वर्णमुद्राओं की पोटली निकाली और गोपाल को थमाते हुए कहा–"आप बस यह संक्षिप्त गणनावाला दस्तावेज मुझे सौंप दें। मैं समझ लूँगा और इस बैलगाड़ी को अपने साथ लेकर दरबार से बाहर जाएँ तथा कृष्णनगर वापसी के समय प्रमाणस्वरूप लाई गई चीजों को अपने साथ लेकर लौटें। महाराज कृष्णचन्द्र राय से उनके सहयोग के लिए मेरा धन्यवाद अवश्य दें।"

गोपाल ने कहा–''नवाब साहब! कहें तो गणित समझा दूँ।''

"नहीं-नहीं!" नवाब घबराकर कई कदम पीछे हट गया। "बस, मुझे आशीष देकर जाएँ कि मेरी ज्ञान-पिपासा इसी तरह पूरी होती रहे।"

गोपाल ने मुस्कुराकर कहा–"तथास्तु!" और नवाब से विदा होकर कृष्णनगर वापस लौट आया।

वापस लौटकर उसने महाराज को सारी बातें बताईं तो महाराज बहुत हँसे, फिर पूछा-''हाँ, गोपाल, यह तो बताओ कि यह शंकु, जलधि, अन्त्य, मध्य, परार्ध आदि क्या है?''

गोपाल ने उत्तर दिया–"महाराज! यह प्राचीन भारतीय गणित का पैमाना है। जैसे "एक, दस, सौ, हजार में अन्तर एक शून्य के बढ़ने से होता है उसी तरह यह शून्य के बढ़ते जाने से बनी संख्याओं के नाम भी बदले जाते हैं, जैसे–एक, दस, सौ, सहस्र, अयुत, लक्ष, प्रयुत, कोटि, अर्बुद, अब्ज, खर्व, निखर्व, महाप. शंकु, जलधि, अन्त्य, मध्य, और परार्द्ध। संख्या की यह यात्रा एक पर शून्य यानी दस से आरम्भ करती है और एक पर सत्रह शून्य यानी परार्ध पर पहुँचकर समाप्त होती है–कहें तो सहज सूत्रों से यह गणना पद्धति सिखा दूँ!"

महाराज ने नवाब की तरह ही घबरा जाने का अभिनय करते हुए अपने गले से मोतियों की माला निकालकर गोपाल को पहनाया और हँसते हुए कहा–''नहीं, नहीं! मैं क्या करूँगा सीख कर? मेरे पास तो तुम्हारे जैसा गणितज्ञ है ही!"

रात्रि-भ्रमण कार्यक्रम

गोपाल भाँड़ महाराज कृष्णचन्द्र राय का चहेता विदूषक था। उसकी प्रसिद्धि दूर-दूर तक फैली हुई थी। उसके वाक्-चातुर्य और बुद्धि-कौशल की चर्चा करते कृष्णनगर के लोग अघाते नहीं थे। गोपाल भाँड़ निर्लोभ महाराज की सेवा में लगा रहता था। मिलनेवाली पगार से ही सन्तोष करता। ईमानदार था इसलिए कोई पृथक् आय नहीं थी। उसकी पत्नी हमेशा उसे कोसती रहती थी कि तुम महाराज की सेवा में दिन-रात लगे रहते हो लेकिन तुम्हें जो पगार मिलती है उससे तो घर चलाना मुश्किल है। भले ही तुम्हारी ईमानदारी की सराहना होती हो, मगर उस सराहना से तो हमारी जरूरतें पूरी नहीं हो जाएँगी? और दरबारियों को देखो, कितने आभिजात्य ढंग से जीते हैं! उनकी पत्नियाँ कैसी शानदार साड़ियाँ पहनती हैं और बेशकीमती जवाहरातोंवाले आभूषणों से लदी रहती हैं...तुम्हारी आँखें क्यों नहीं खुलतीं? वे दरबारी कैसे कमा लेते हैं?

पत्नी की शिकायतों से कई बार गोपाल का मन खिन्न हो उठता लेकिन वह करता भी क्या! माँगना उसे गवारा नहीं था और बिन माँगे कुछ मिल जाए, ऐसा जमाने का चलन भी नहीं था।

एक दिन दरबार के समापन के बाद महाराज कृष्णचन्द्र राय ने गोपाल भाँड़ को रोक लिया। सभी दरबारियों के चले जाने के बाद महाराज ने गोपाल से कहा–''चलो गोपाल, आज मेरे साथ रहो। मैं राज्य के लोगों की जीवन-शैली देखकर अनुमान लगाना चाहता हूँ कि मेरी प्रजा खुशहाल है या नहीं।''

गोपाल भाँड़ ने तत्काल ही महाराज को परामर्श दिया–"महाराज, वेश बदलकर चलें तब ही सच देखने को मिलेगा अन्यथा आपको आया देख प्रजा अपनी स्वाभाविक अवस्था में नहीं रह पाएगी इसलिए आप चलें तो सामान्य प्रजा के लिबास में, सामान्य प्रजाजन की तरह...।"

महाराज को गोपाल की बात पसन्द आ गई। गोपाल को प्रतीक्षा करने का निर्देश देकर महाराज वहाँ से चले गए।

थोड़ी देर में ही महाराज एक सामान्य नागरिक के रूप में गोपाल के पास आए और घोड़े पर सवार होकर वे दोनों कृष्णनगर की गलियों-सड़कों से गुजरने लगे। रात चढ़ने पर महाराज राजमहल लौटे।

गोपाल ने उन्हें कहा कि इस तरह महीने भर भी यदि महाराज अपने राज्य की गलियों-सड़कों से गुजरते रहें तो उन्हें प्रजा की वास्तविक स्थिति की जानकारी मिल जाएगी।

महाराज को राजमहल छोड़कर जब गोपाल पैदल अपने घर की ओर जा रहा था कि रास्ते में ही मूसलाधार वर्षा होने लगी। गोपाल भीगते हुए चलता रहा। उसके घर तक जाने के लिए एक गली से गुजरना होता था। गली कच्ची थी। बारिश के पानी से गली में कीचड़ था और अँधेरी रात में कुछ नहीं सूझने के कारण गोपाल का पाँव फिसल गया। गोपाल गिर पड़ा। गिड़ने से उसके घुटने में चोट आई। चोटिल गोपाल किसी तरह अपने घर पहुँचा।

गोपाल की पत्नी उसकी यह हालत देखकर सकते में आ गई। उसने गोपाल के हाथ-पाँव और शरीर में लगे कीचड़ को धोया। कपड़े बदलवाए। घाव की सफाई की तथा उन पर महाभृंगराज के पत्तों का रस लगाया।

गोपाल ने अपनी पत्नी को बताया कि वह महाराज के साथ प्रजा का दुख-सुख जानने के लिए निकला था, लौटते समय रास्ते में फिसलकर गिर पड़ा जिसके कारण उसे ये घाव लगे।

यह सुनकर उसकी पत्नी खीज गई और बोली–''अपनी वास्तविक आर्थिक स्थिति की जानकारी भी महाराज को दो। किसी दिन मूसलाधार बारिश में उन्हें अपने घर लाओ तो वह अपनी प्रजा के साथ ही अपने विदूषक की वास्तविकता से भी परिचित हो जाएँ।''

गोपाल को अपनी पत्नी की बातें बुरी लगीं। उसने उसे डाँट दिया–''क्या कहती हो? यह अर्थ-लोलुपों जैसी बातें तुम्हारे लिए शोभनीय हैं क्या?''

गोपाल की पत्नी भी तैश में आ गई और चीखने लगी–"इस छलनी बने छप्पर के टपकते पानी के नीचे कभी तुम्हारे महाराज बैठें, तब ही उन्हें

पता चलेगा कि तुम्हें जो पगार मिलती है उसमें तुम्हारे परिवार का निर्वाह होना कितना कठिन है! तुम्हें अपनी वास्तविक आर्थिक स्थिति के बारे में महाराज को जानकारी देने में संकोच क्यों होता है? जब मैं सच बताने को कहती हूँ तो मेरी बातें तुम्हें अर्थ-लोलुपों की सी लगती हैं! मुझे तुम्हारी विद्वत्ता पर तरस आती है। तुम भीरु हो।"

गोपाल को पत्नी की बातें तर्कसंगत लगीं, इसलिए वह चुप हो गया।

दूसरे दिन जब वह जगा तब उसके घुटने में दर्द था। उसने देखा तो पाया कि चोट लगने के कारण उसका घुटना सूज गया है। बारिश का क्रम रात से ही जारी था। उस दिन वह दरबार नहीं गया।

महाराज उसकी प्रतीक्षा में बैठे रहे। इसके बाद वाले दिन भी जब गोपाल महाराज के पास नहीं पहुँचा तब महाराज को विश्वास हो गया कि कहीं कुछ गड़बड़ है। उन्होंने वस्तुस्थिति जानने के लिए गोपाल के घर पर प्रहरी को भेजा।

प्रहरी जब गोपाल के घर पहुँचा तो उसका सामना गोपाल की पत्नी से हो गया। गोपाल की पत्नी ने उसे बढ़ा-चढ़ाकर गोपाल को चोट लगने की कहानी सुना दी।

प्रहरी से गोपाल की पत्नी ने कहा—"कच्ची गली की हालत तो भइया, तुम देख ही चुके हो। चलनी बने इस छप्पर की हालत भी देख लो! मेरे स्वामी के घुटने की चोट ऐसे नम माहौल में कैसे ठीक होगी, यह तो मैं नहीं जानती।"

उस दिन गोपाल को चोट के कारण बुखार आ गया था। प्रहरी महाराज के पास लौटकर उन्हें पूरा वृत्तान्त सुनाया।

महाराज गोपाल के घर की बदहाली जानकर दुखी हुए। उन्होंने राजवैद्य को भेजकर गोपाल की चिकित्सा करवाई।

एक सप्ताह में गोपाल स्वस्थ हो गया। जब तक गोपाल रोग-शैया पर रहा—उसकी पत्नी उसे प्रेरित करती रही कि वह महाराज से अपनी आर्थिक आवश्यकताओं का खुलासा करे। गोपाल भी इस दौरान विचार करता रहा कि उसे क्या करना चाहिए।

रोगमुक्त होकर गोपाल दरबार पहुँचा। महाराज ने उसे देखकर खुश होते हुए पूछा—"क्यों गोपाल, प्रजा की दशा जानने के लिए रात्रि-भ्रमण अभियान कब से पुनः आरम्भ किया जाए?"

गोपाल ने जवाब दिया–''कल के बाद। जब आप चाहें।''

"कल क्यों नहीं?" महाराज ने पूछा।

गोपाल ने उत्तर दिया–"महाराज, कल आप मेरे आवास पर पधारें। मैंने जल से परिवार को सुरक्षित रखने की एक व्यवस्था की है जिसके उपलक्ष्य में हवन कार्यक्रम रखा है। मेरी प्रार्थना है कि आप इस अवसर पर मेरे घर मुख्य अतिथि के रूप में पधारें।"

महाराज ने स्वीकृति दे दी। पहली बार महाराज को गोपाल के घर पहुँचने पर कीचड़ सनी राह से गुजरना पड़ा। गोपाल के घर पहुँचने पर उनका स्वागत गोपाल के एक रिश्तेदार ने किया। बरामदे में एक भव्य आसन पर उन्हें बिठाया गया। महाराज को यह आसन टाट में मखमल के पैबन्द की तरह लगा। विचित्र बात यह थी कि उनके स्वागत में कई लोग लगे हुए थे लेकिन गोपाल, गोपाल की पत्नी और अन्य निकट सम्बन्धी वहाँ नहीं थे।

अन्ततः महाराज को प्रतीक्षा करना कठिन लगने लगा तो उन्होंने अपनी अगवानी करनेवाले व्यक्ति से पूछा–"गोपाल कहाँ है?"

"शुभ मुहूर्त निकला जा रहा था इसलिए गोपाल दम्पती हवन पर बैठ गए और महाराज की प्रतीक्षा नहीं कर सके। बस, हवन समाप्त होते ही वे उनकी सेवा में उपस्थित हो जाएँगे।" अगवानी करनेवाले व्यक्ति ने कहा।

महाराज ने उस व्यक्ति से कहा–''कोई बात नहीं, वे स्वयं हवन में शामिल होने के लिए पूजा-स्थल तक जाएँगे। उनका मार्गदर्शन किया जाए।''

यह महाराज की आज्ञा थी। भला इसकी अवमानना करने का साहस कौन कर सकता था?

थोड़ी ही देर में महाराज को साथ लेकर उनकी तीमारदारी और आवभगत में लगे लोग एक मचान के पास पहुँचे। यहाँ तक आते-आते महाराज का जूता कीचड़ से लथपथ हो चुका था। मचान के ऊपर चढ़ने के लिए बाँस की एक नंगी सीढ़ी लगी हुई थी। तीमारदारों ने महाराज के पाँव धुलवाए। बाँस की सीढ़ी के सहारे महाराज मचान पर चढ़े। पूजा-हवन में शामिल हुए। वहीं प्रसाद ग्रहण किया। फिर उन्होंने गोपाल भाँड़ से पूछा–"तुमने जो आवासीय निर्माण कराया है, वह कहाँ है?"

महाराज के प्रश्न पर गोपाल झेंप गया लेकिन गोपाल की पत्नी ने कहा–"स्वामी, आप से क्या छिपाना! हमारे घर की हालत सिर छुपाने के लायक नहीं रही। इनकी आय ऐसी नहीं है कि हम घर पर नया छप्पर डलवा सकें। इसलिए इस मचान का निर्माण हमने करवाया ताकि हम पानी जमा होने पर भी सुरक्षित रहें। यह मचान वर्षा से भी हमारी रक्षा करेगा। यही नवीन निर्माण हमने कराया है। यह निर्माण भी हमारे लिए एक बड़ी घटना है। इसलिए इसके पूर्ण होने पर ईश्वर के प्रति अपना विनम्र धन्यवाद या आभार व्यक्त करने के लिए हमने हवन का अनुष्ठान किया।"

महाराज गोपाल की यह दयनीय स्थिति देखकर द्रवित हो उठे। दूसरे दिन ही महाराज ने गोपाल के लिए भवन-निर्माण की व्यवस्था करा दी। देखते-देखते गोपाल का भवन बनकर तैयार हो गया।

भवन का निर्माण कार्य पूरा हो जाने पर महाराज़ ने भवन की चाभी गोपाल को सौंपते हुए कहा–"शुभ मुहूर्त देखकर नवगृह प्रवेश के लिए हवन की व्यवस्था करो। मैं उस हवन में तुम्हारे साथ रहूँगा। तुम्हारे गृह प्रवेश के बाद ही राज्य की प्रजा की हालत जानने के लिए मेरा रात्रि-भ्रमण कार्यक्रम फिर से प्रारम्भ होगा।"

गोपाल महाराज के प्रति श्रद्धावनत हो गया।

ताखे पर गृहस्वामी

गोपाल के मुहल्ले में अचानक आए दिन चोरियों की घटनाएँ घटने लगीं। माघ का महीना था। कड़ाके की ठंड पड़ रही थी। आम तौर पर मुहल्ले के लोग अलाव जलाकर अपने दरवाजे के आगे परिवार के साथ बैठकर आग तापते और शरीर गरमा जाने के बाद अपने-अपने घरों में जाकर बिस्तर में घुस जाते। चोर कब घर में घुसता और कब कीमती सामान चुराकर निकल जाता, इसका भास किसी को नहीं होता।

वैसे लोगों का मानना था कि चोर मध्य रात्रि के बाद और पौ फटने से पहले चोरी करते हैं और रफू-चक्कर हो जाते हैं।

कुछ लोगों का मानना था कि चोरों का कोई गिरोह सक्रिय है जिसमें शामिल चोर दिन में घरों के भीतर घुसने की तरकीब समझने के लिए घरों का मुआयना करते हैं तथा रात को आकर घरों में चोरी करके आसानी से निकल जाते हैं।

गोपाल को जब चोरी की घटनाओं की जानकारी मिली तब वह यह जानने के लिए कटिबद्ध हुआ कि आखिर ये चोरियाँ कैसे हो रही हैं!

मुहल्ले के जिन घरों में चोरियाँ हुईं थीं, गोपाल उन घरों के मुखिया से मिला तथा चोरी की घटनाओं के बारे में पूरी जानकारी प्राप्त की तो पाया कि चोरी की सभी घटनाओं में एक बात सामान्य है कि चोर ने घरों से केवल जेवर और नकदी चुराए हैं, अन्य किसी भी सामान को हाथ नहीं लगाया। चोरियाँ जहाँ भी हुईं वहाँ बक्सों के ताले खोलकर उनसे सामान निकाला गया और बाद में बक्से में ताला लगाकर चोर कीमती सामान के साथ बाहर निकल गया।

गोपाल इन सूचनाओं से इस निष्कर्ष पर पहुँचा कि चोर एक ही है और चोर ऐसा व्यक्ति है जो किसी भी तरह का ताला खोलने और बन्द करने

की कला में सिद्धहस्त है। हो सकता है कि उसके पास ताली बनाने का कोई आधुनिक यंत्र भी हो!

गोपाल चोरी का रहस्य खोलने के लिए उत्सुक था और उसका दिमाग इसी बात में लगा हुआ था।

अचानक गोपाल के मस्तिष्क में यह विचार कौंधा कि चोर उस समय भी घर में प्रवेश कर सकता है जिस समय घर के लोग अपने-अपने दरवाजों पर बैठकर अलाव सेंकते हैं! यह भी हो सकता है कि घर के लोगों को अलाव सेंकते, आपस में बतियाते देखकर घात लगाकर बैठा चोर दबे पाँव घर में घुसकर कहीं छुप जाता हो और उनके सोने के बाद कीमती सामान लेकर वह वहाँ से निकल जाता हो!

गोपाल के मन में इस तरह के विचार आते-जाते रहे। इसी तरह दो-तीन दिन गुजर गए। मुहल्ले में कहीं भी कोई घटना नहीं घटी!...तो क्या चोर ने अपना मुकाम बदल लिया, या पकड़ा गया? गोपाल के मन में इस तरह के सवाल उमड़ने-घुमड़ने लगे।

इसी तरह कुछ दिन और गुजर गए। एक रात गोपाल भोजन के बाद टहलने के लिए अपने घर से बाहर निकला। उसने घर का दरवाजा उढ़का दिया और दरवाजे के सामने खुले स्थान में चहलकदमी करने लगा। तभी गोपाल को कोई छाया तेज गति से एक पेड़ की ओट से गुजरकर दूसरे पेड़ की ओट में जाती दिखी। गोपाल वहीं रुक गया और सतर्क आँखों से उस दिशा में देखने लगा जिस दिशा में उसने छाया को सक्रिय होते देखा था।

मगर गोपाल को उस दिशा में कोई दूसरी गतिशीलता नहीं दिखी। अन्ततः गोपाल ने अपने मन को समझाया–'अरे कुछ नहीं था दृष्टिभ्रम के सिवा।'

गोपाल अपने घर में प्रवेश किया तब उसे लगा कि दरवाजा वैसे सटा हुआ नहीं है जैसा कि वह छोड़ गया था। उसने दीप प्रज्वलित किया और अपने कमरे में दीप लिये हुए आया। गोपाल ने देखा कि दीप की लौ की विरोधी दिशा में दीवार के शीर्ष पर एक मानव मुंड की छाया-सी प्रतीत हो रही है।

गोपाल को समझते देर नहीं लगी कि चोर उसके घर में प्रवेश कर चुका है तथा उसके सोने की प्रतीक्षा वह कमरे की दीवार पर सामान रखने के लिए बने ताखे पर लेटकर कर रहा है।

गोपाल का हृदय इस सच्चाई को भाँपकर हिल उठा। महाराज से मिले पुरस्कारों की राशि ताखे पर रखे बक्से में ही रखी थी।

गोपाल अभी कुछ तय नहीं कर पाया था कि घोड़ों के टापों की आवाज से वह चौंक उठा। वह कुछ समझ पाता कि कई घोड़े एक साथ उसके दरवाजे के पास आकर रुके। इसके बाद कई लोगों के दौड़कर आने की आवाज उसे सुनाई पड़ी।

गोपाल मन-ही-मन डर गया–हो न हो यह डाकुओं का दस्ता हो! इसी दौरान उसका दरवाजा पीटा जाने लगा। अन्ततः वह आगे बढ़ा और दरवाजा खोल दिया। सामने डाकू खड़े थे जो उसे धक्का देते हुए उसके कमरे में घुस गए।

गोपाल चूँकि भोजन करने के बाद टहलकर लौटा था इसलिए उसके शरीर पर सामान्य से घरेलू वस्त्र थे जिससे वह गृहस्वामी की तरह तो नहीं दिख रहा था।

डाकुओं में से एक ने उसे गर्दन से पकड़ते हुए कहा–"अबे! निकाल चाभी! तिजोरी किधर है–दिखा!"

गोपाल ने बुरी तरह भयभीत हो जाने का अभिनय करते हुए कहा–"मुझे छोड़ दो डाकूजी! मैं तो गरीब आदमी हूँ! इस घर में किसी तरह काम-काज करके दो जून रोटी खा लेता हूँ। मुझे मारकर क्या पाओगे! गरीब नौकर हूँ डाकूजी!" गोपाल लगभग घिघियाते हुए ये बातें कह रहा था।

उसे पकड़नेवाले डाकू ने पूछा–''तो बता, किसके पास है चाभी?''

शेष डाकू कमरे में इधर-उधर सामान को उलटने-पलटने में लगे हुए थे।

गोपाल ने घिघियाते हुए कहा–"मुझे छोड़ दो डाकूजी! भगवान तुम्हारा भला करेगा।''

डाकू ने गोपाल का गला जोर से दबाते हुए कहा–"जल्दी बता, नहीं तो तुम्हारा गला घोंट दूँगा!"

गोपाल ने डरी आवाज में थर-थर काँपते हुए कहा–''चाभी मालिक के पास है...''

"कहाँ है तेरा मालिक?" डाकू ने पूछा।

गोपाल ने ताखे पर छिपे चोर की ओर उँगली उठाई। डाकू को ताखे पर छुपा चोर दिख गया। फिर क्या था! डाकुओं ने ताखे पर छुपे चोर को

घर का मालिक समझ लिया। उसे ताखे से खींचकर उतारा और उससे चाभी माँगने लगे।

चाभी चोर के पास होता तो देता! वह बोला–"मेरे पास चाभी नहीं है!"

"नहीं है?"...'तड़ाक' एक चाँटा मारा डाकू ने, फिर कहा–"चाभी निकाल!"

"चाभी नहीं हैं मेरे पास!''

'तड़ाक!' फिर जोरदार चाँटा।

यह क्रम थोड़ी देर चलता रहा और डाकू की मार से चोर अधमरा होकर गिर पड़ा।

उधर मुहल्ले के लोग घोड़ों की टापों की आवाज सुनकर लाठियों आदि से लैस होकर गोपाल भाँड़ के घर पर पहुँच गए। सबसे पहले उन लोगों ने डाकुओं के घोड़ों को वहाँ से खदेड़ दिया। घोड़ों की टापों की आवाज सुनकर घबराकर डाकू गोपाल के घर से निकले तो लाठियों से लैस लोगों ने उन्हें पीटना शुरू कर दिया। डाकू किसी तरह अपनी जान बचाकर वहाँ से भागे। लोगों ने मुहल्ले के बाहर तक डाकुओं का पीछा किया, लेकिन डाकू भागने में सफल हो गए।

डाकुओं को खदेड़कर लौटने के बाद मुहल्ले के लोग गोपाल के घर पहुँचे और पूछने लगे–''गोपाल! तुम कुशल से तो हो?''

गोपाल ने हँसते हुए कहा–''मैं तो कुशल हूँ! 'गृहस्वामी' की हालत खराब है...डाकुओं ने इन्हें ताखे से उतारकर बहुत पीटा है!''

गोपाल ने लोगों को कमरे में अधमरे से पड़े व्यक्ति को दिखाते हुए कहा।

गोपाल ने उन्हें सारी बातें बताई। उस व्यक्ति को लोगों ने फिर पीटना चाहा मगर गोपाल ने लोगों को ऐसा करने से रोक लिया। कहा–"जाने दो भाइयो, इसको अपने किए की सजा मिल चुकी है। अब भविष्य में यह चोरी जैसा कर्म नहीं करेगा।"

अधमरे चोर ने गोपाल का पाँव पकड़ लिया और कहा–"अब वह जीवन में कभी किसी की चीज पर लोभ-लालच की दृष्टि भी नहीं डालेगा, चोरी तो दूर की बात है!"

लोगों ने उस व्यक्ति को माफ कर दिया।

इसके बाद फिर कभी गोपाल के मुहल्ले में चोरी नहीं हुई।

वनोला-मेला

एक दिन अचानक गोपाल भाँड़ को कुछ धन की आवश्यकता आ पड़ी। अकस्मात् धन की इस आवश्यकता की पूर्ति के लिए वह किससे कहे, यह बात उसकी समझ में नहीं आ रही थी। इसी गुनधुन में पड़ा गोपाल महाराज के महल की ओर जाने लगा। रास्ते में उसे जानकारी मिली कि कृष्णनगर के सीमान्त क्षेत्र में बसे वनोला कस्बे में मेला लगा हुआ है जिसमें तरह-तरह की चीज़ों के अलावा तमाशे दिखानेवाले लोग भी आए हुए हैं।

गोपाल को धन की समस्या हल हो जाती सी लगी और वह आश्वस्त कदमों से महाराज के महल की ओर बढ़ने लगा।

गोपाल नारी-मनोविज्ञान से अच्छी तरह परिचित था। वह जानता था कि महिलाओं को अपने घर से बाहर निकलने का कम अवसर मिलता है। यदि उन्हें उचित कारण मिल जाए तो वे घर से निकलने की जिद करने से बाज नहीं आतीं।

गोपाल को मानो अपनी आर्थिक आवश्यकताओं की पूर्ति के लिए यह एक अनोखा सूत्र हाथ लग गया था।

वह तेज कदमों से महल पहुँचा और महाराज के कक्ष की ओर जाने के स्थान पर सीधे अन्तःपुर में प्रवेश कर गया। गोपाल को महारानी से मिलने की छूट मिली हुई थी।

महारानी ने जब गोपाल को अपने कक्ष की ओर आते देखा तो हर्षित हुई और स्वयं कक्ष से बाहर निकल आईं। द्वार के पास ही उन्होंने गोपाल को रोक लिया–''अरे गोपाल! तुम? क्या बात है? आज कैसे भूल पड़े? इतने दिनों बाद तुम्हें रानी माँ की स्मृति हुई!'' कौतूहलपूर्ण जिज्ञासा करने लगीं महारानी।

गोपाल ने महारानी के चरण छुए, फिर कहा–''रानी माँ! पहले तो मुझे

ऽ पर सवार होकर गोपाल भाँड़ महाराज के पास पहुँचा। महाराज
भाँड़ के साथ अपने निजी कक्ष में बैठने के बाद गोपाल से पूछा–
‘वनोला-मेला’ के बारे में तुम कुछ जानते हो?”
हाँ, महाराज!”
रानी इस मेले में जाने की जिद कर रही हैं। मैं उनका इस मेले
चित नहीं समझ रहा हूँ इसलिए तुम कोई ऐसा उपाय करो कि
वयं मेला जाने से मना कर दें। मैं इस कार्य के लिए सौ
इनाम में दूँगा।”
की बाछें खिल गईं। उसने महाराज से कहा–“महाराज! आप
ं, रानी माँ मेला जाने की जिद नहीं करेंगी।”
शयनकक्ष में चले गए और गोपाल अपने घर वापस लौट

एक पोटली लेकर रानी माँ से मिलने राजमहल गया। महल
ही रानी माँ प्रसन्न हो गईं। गोपाल ने थैली से एक शीशी
रानी को देते हुए कहा–“रानी माँ! इस शीशी में सूअर की
पने शरीर पर अच्छी तरह मल लें। इस सूअर की चर्बी में
र्षीं मिली हुई है। इसको लगा लेने से वनोला में पाए जानेवाले
से आप बची रहेंगी।” फिर थैली से दो कृपाण निकालकर
कहा–“रानी माँ, ये दो कृपाण अपने परिधान में इस तरह
जरूरत पड़ते ही उपयोग के लिए आप इन्हें निकाल सकें।
ः सम्पन्न घरों की महिलाएँ ही आती हैं इसलिए राहजन
खते ही उन्हें अपना शिकार बना लेते हैं...और ये सूइयाँ
लगा लें कि इनका तीखा भाग बाहर की तरफ रहे ताकि
टे तो सूइयाँ उसे चुभ जाएँ...प्रायः वहाँ महिलाओं को
या उनसे देह रगड़ते हुए निकलते हैं...।”
ाल की बातें सुनीं तो घबरा गईं। शीशी में भरे द्रव्य
शीशी का ढक्कन खोला तो शीशी से उठनेवाली दुर्गन्ध
लगी। महारानी ने क्रोधपूर्वक कहा–“अरे गोपाल!
क्यों नहीं बताई? यदि इस दुर्गन्धयुक्त रसायन का
चा पर करूँगी तो दुर्गन्ध से ही मेरा प्राणान्त हो

बैठने दें! आज मैं आपको ऐसी सूचना देने आया हूँ कि आप खुश हो जाएँगी।”

महारानी ने गोपाल को बैठने के लिए आसन दिया। दासी को बुलाकर उसके लिए शीतल पेय मँगाया। गोपाल ने शीतल पेय पीकर स्वयं को तृप्त किया। इस बीच वह सोचता रहा कि किस तरह वह महारानी से अपनी बात कहे कि वे मेला देखने जाने के लिए उद्यत हो जाएँ और इसके निमित्त वह उनसे कुछ मुद्रा हासिल करने में सफल हो जाए!

जब गोपाल शीतल पेय पी चुका तब महारानी ने पूछा–“हाँ, गोपाल! अब बता! कौन सी अच्छी सूचना लेकर आया है, मैं भी सुनने के लिए उत्सुक हूँ।”

गोपाल ने कहा–“रानी माँ! ‘वनोला-मेला’ शुरू हो रहा है। बस, तीन दिनों के बाद!”

“ ‘वनोला-मेला’! यह क्या है? मैं तो जानती भी नहीं! मैंने तो कभी इसके बारे में सुना भी नहीं है। फिर इस मेले को लेकर ऐसी क्या बात हुई कि तू मुझे बताने के लिए उतावला हो गया! मेला लग रहा है तो लगने दे! इस मेले से मेरा क्या लेना-देना!”

महारानी की बात सुनकर गोपाल ने आश्चर्यचकित होने का अभिनय किया और कहने लगा–“हाँ, रानी माँ, इस मेले के बारे में बताना मेरे लिए एक पुण्य कार्य जैसा है इसलिए मैं यह सूचना आप तक पहुँचाने के लिए उतावला हुआ। इस मेले का सुहागिन महिलाओं के लिए तीर्थ जैसा महत्त्व है। कहते हैं कि इस मेले के परिभ्रमण से दस तीर्थों का पुण्य एक बार में ही प्राप्त हो जाता है सुहागिन महिलाओं को। इस कारण इस मेले में कुलीन घरानों की महिलाएँ हर हाल में पहुँचती हैं। सुहागटीका, मंगलसूत्र, मटरमाला, चन्द्रहार, कृष्ण चूड़ा, बाजूबन्द, और न जाने कितनी तरह के आभूषण, आलता, सिन्दूर, टिकुली, कुमकुम आदि न जाने कितने तरह की सुहागिनों के उपयोग की चीजें इस मेले में बिकने के लिए आती हैं। चन्दन, रोली, रीठा जैसी चीजें तो इस मेले में ऐसे मिलती हैं कि उनकी तुलना बाजार में मिलनेवाली सामग्रियों से कदापि नहीं की जा सकती।”

महारानी के चेहरे पर गोपाल ने विस्मयमिश्रित उत्सुकता का भाव देखा। गोपाल ने अनुमान लगा लिया कि वह महारानी को मेला देखने जाने के लिए

मानसिक रूप से तैयार करने का काम सफलतापूर्वक कर चुका है। अपनी बातों को और असरदार बनाते हुए उसने कहना जारी रखा—"रानी माँ! इस मेले में करतब दिखानेवाले लड़के-लड़कियाँ, मर्द, औरत ही नहीं, पशु और पक्षी भी दर्शकों पर अपना जादुई प्रभाव छोड़ते हैं। जो एक बार इनका कमाल देख लेता है वह जीवन भर उन्हें भूल नहीं पाता। रानी माँ, क्या-क्या बताऊँ! मेले में जाकर ही कोई इस मेले के माहात्म्य को समझ सकता है।"

महारानी पूरी तरह गोपाल की बातों के प्रभाव में आ चुकी थीं। उन्होंने गोपाल से पूछा—"बताओ गोपाल! क्या सचमुच यह मेला सुहागिनों को पुण्य-लाभ कराता है?"

"अवश्य!" गोपाल ने उत्तर दिया।

"तो फिर गोपाल, मैं मेला देखने के लिए चलूँगी।" महारानी ने कहा।

"आप जाएँ या न जाएँ, मैं तो अवश्य जाऊँगा, रानी माँ! मैं तो आपको सूचना देने इसलिए आ गया था कि, कभी आपको मालूम हो गया कि मैं 'वनोला-मेला' देखने गया था और आपको बताया तक नहीं तो आप नाराज हो जाएँगी!"

गोपाल की बातें सुनकर महारानी मुस्कुराईं। बोलीं—"अच्छा किया जो मुझे बताने आ गया। तू बड़ा समझदार है गोपाल! बस, यह समझ ले कि मैं मेला देखने जाऊँगी। तू जा रहा है इसलिए अब तेरे साथ ही जाऊँगी। तू प्रबन्ध कर।"

"लेकिन रानी माँ, मैं तो कल ही प्रस्थान करूँगा!..." गोपाल ने कहा।

"...तो कल मैं भी तुम्हारे साथ चलूँगी।" महारानी ने तपाक कहा।

"मगर रानी माँ, जब आप चलेंगी तब तो विशेष प्रबन्ध करना होगा—मैं तो बैलगाड़ी से चला जाता...अब आपको लेकर तो बैलगाड़ी से जाया नहीं जा सकेगा न! राजसी परिवार की महिला को तो परिवार की मर्यादा के अनुरूप उचित वाहन से ही यात्रा करनी होगी। मैं गरीब आदमी इस यात्रा का प्रबन्ध कैसे करूँगा?" गोपाल ने संशययुक्त स्वर में महारानी के समक्ष अपनी शंका जताई।

महारानी ने गोपाल की ओर आवेश युक्त दृष्टि से देखा और बोलीं—"गोपाल! अब कभी यह मत बोलना कि तुम गरीब हो। रानी माँ के रहते तुम अपने आपको कभी गरीब मत समझना।"

तुरन्त महारानी वहाँ से उठीं और अपने
की एक थैली लिये लौटीं और गोपाल को थ
ये सौ स्वर्णमुद्राएँ अपने पास रखो और यात्रा
तक मैं अपनी यात्रा की तैयारी कर लूँगी,
गोपाल स्वर्णमुद्राएँ लेकर उठा और म
झुककर बोला—"जैसी आज्ञा रानी माँ!"

महाराज रात्रि में अपने शयनकक्ष में
किया। महाराज विश्राम के लिए अप
महारानी ने कहना शुरू किया—"महा
लिए प्रस्थान करूँगी।"
"वनोला-मेला? यह कौन सा मे
नहीं सुना इसके बारे में!" महाराज
"आपने सुना हो या नहीं,
सुहागिनों के लिए इस मेले का
महाराज समझ नहीं पाए।
वृद्ध महामंत्री शीघ्र उपस्थित
बारे में पूछा। तब महामंत्री ने
मेला सात दिनों के लिए लगत
है उस स्थान का नाम वनोला
हैं। सुहागिनों के उपयोग की
हैं जिसके कारण इस मेले व
महाराज ने महामंत्री
बुलाकर गोपाल भाँड़ को
दिया कि वह अपने साथ
शीघ्र उन तक पहुँच स
प्रहरी को अपने घ
कि महारानी ने मेला
सम्बन्ध में ही कोई

जाएगा। मेले में जाने के लिए तुम जिन सुरक्षा प्रबन्धों की बात कर रहे हो, उससे तो मेरी यात्रा ही कष्टपूर्ण हो जाएगी। इतनी यातनापूर्ण यात्रा की तो मैं कल्पना भी नहीं कर सकती...रहने दे, मैं वह मेला देखने नहीं जाऊँगी। मेरा तो सिर फिर गया था कि मैं वनोला-मेला जाने के लिए तत्पर हो गई थी बिना कुछ जाने-समझे...!"

गोपाल को मन-माँगी मुराद मिल गई। उसने रुआँसे स्वर में महारानी से कहा–"रानी माँ! अब आप यात्रा स्थगित कर रही हैं जबकि मैं यात्रा की तैयारी पर आपके द्वारा दिया गया धन व्यय कर चुका हूँ...अब तो मेरी समझ में नहीं आ रहा कि आपका धन कहाँ से लौटाऊँ?"

महारानी ने शान्त स्वर में कहा–"धन की चिन्ता तू मत कर गोपाल! धन व्यय हुआ तो हुआ! समय रहते मुझे वनोला की वास्तविकता का ज्ञान हो गया। इस सूअर की चर्बी का आलेपन मैं अपनी देह पर इस जन्म में तो क्या, अगले जन्म में भी नहीं...।"

रुआँसा होने का अभिनय करते हुए गोपाल महारानी से बोला–"जैसी रानी माँ की इच्छा!"

और महारानी से आज्ञा लेकर गोपाल महाराज कृष्णचन्द्र राय से मिलने उनके मंत्रणा कक्ष तक पहुँच गया। प्रहरी से उसने बताया कि महाराज के निर्देश के अनुसार वह कार्य सम्पन्न कर आया है और उनसे मिलने की आज्ञा चाहता है।

महाराज ने प्रहरी से कहा–"गोपाल से कहो, मेरी प्रतीक्षा करे।"

महाराज तुरन्त महारानी के पास पहुँचे और पूछा–"महारानी! आप किस समय मेला-भ्रमण हेतु प्रस्थान करेंगी?"

महारानी ने उत्तर दिया–"महाराज, मैं अब मेला-भ्रमण के लिए नहीं जा रही। अब भविष्य में कोई भी कार्यक्रम मैं बनाऊँगी तो आपसे परामर्श अवश्य लूँगी।"

महारानी के उत्तर से महाराज सन्तुष्ट हो गए और अपने कक्ष में जाकर सौ स्वर्णमुद्राओं की एक पोटली निकाली तथा गोपाल भाँड़ से मिलने मंत्रणा कक्ष में आ गए।

गोपाल भाँड़ महाराज को देखकर अभिवादन के लिए हाथ जोड़ ही रहा था कि महाराज ने उसके हाथों में सौ स्वर्णमुद्राओं वाली थैली रखते हुए

जाएगा। मेले में जाने के लिए तुम जिन सुरक्षा प्रबन्धों की बात कर रहे हो, उससे तो मेरी यात्रा ही कष्टपूर्ण हो जाएगी। इतनी यातनापूर्ण यात्रा की तो मैं कल्पना भी नहीं कर सकती...रहने दे, मैं वह मेला देखने नहीं जाऊँगी। मेरा तो सिर फिर गया था कि मैं वनोला-मेला जाने के लिए तत्पर हो गई थी बिना कुछ जाने-समझे...!"

गोपाल को मन-माँगी मुराद मिल गई। उसने रुआँसे स्वर में महारानी से कहा—"रानी माँ! अब आप यात्रा स्थगित कर रही हैं जबकि मैं यात्रा की तैयारी पर आपके द्वारा दिया गया धन व्यय कर चुका हूँ...अब तो मेरी समझ में नहीं आ रहा कि आपका धन कहाँ से लौटाऊँ?"

महारानी ने शान्त स्वर में कहा—"धन की चिन्ता तू मत कर गोपाल! धन व्यय हुआ तो हुआ! समय रहते मुझे वनोला की वास्तविकता का ज्ञान हो गया। इस सूअर की चर्बी का आलेपन मैं अपनी देह पर इस जन्म में तो क्या, अगले जन्म में भी नहीं...।"

रुआँसा होने का अभिनय करते हुए गोपाल महारानी से बोला—"जैसी रानी माँ की इच्छा!"

और महारानी से आज्ञा लेकर गोपाल महाराज कृष्णचन्द्र राय से मिलने उनके मंत्रणा कक्ष तक पहुँच गया। प्रहरी से उसने बताया कि महाराज के निर्देश के अनुसार वह कार्य सम्पन्न कर आया है और उनसे मिलने की आज्ञा चाहता है।

महाराज ने प्रहरी से कहा—"गोपाल से कहो, मेरी प्रतीक्षा करे।"

महाराज तुरन्त महारानी के पास पहुँचे और पूछा—"महारानी! आप किस समय मेला-भ्रमण हेतु प्रस्थान करेंगी?"

महारानी ने उत्तर दिया—"महाराज, मैं अब मेला-भ्रमण के लिए नहीं जा रही। अब भविष्य में कोई भी कार्यक्रम मैं बनाऊँगी तो आपसे परामर्श अवश्य लूँगी।"

महारानी के उत्तर से महाराज सन्तुष्ट हो गए और अपने कक्ष में जाकर सौ स्वर्णमुद्राओं की एक पोटली निकाली तथा गोपाल भाँड़ से मिलने मंत्रणा कक्ष में आ गए।

गोपाल भाँड़ महाराज को देखकर अभिवादन के लिए हाथ जोड़ ही रहा था कि महाराज ने उसके हाथों में सौ स्वर्णमुद्राओं वाली थैली रखते हुए

कहा–"धन्य गोपाल! हम तुमसे प्रसन्न हुए। अब जाओ और विश्राम करो। रात से ही मैंने तुम्हें परेशान कर रखा है। तुमने अपना काम किस तरह अंजाम दिया, यह फिर कभी सुनाना।"

गोपाल प्रसन्न मन अपने घर वापस लौट आया।

●●●